História da Civilização Mineira

BISPADO DE MARIANA

Coleção Historiografia
de Minas Gerais

Série Alfarrábios

3

Diogo de Vasconcelos

História da Civilização Mineira

BISPADO DE MARIANA

EDIÇÃO COORDENADA POR
Francisco Eduardo de Andrade
Mariza Guerra de Andrade

autêntica

Copyright © 2014 Francisco Eduardo de Andrade e Mariza Guerra de Andrade
Copyright © 2014 Autêntica Editora

Todos os direitos reservados pela Autêntica Editora. Nenhuma parte desta publicação poderá ser reproduzida, seja por meios mecânicos, eletrônicos, seja via cópia xerográfica, sem a autorização prévia da Editora.

COORDENADORES DA COLEÇÃO
HISTORIOGRAFIA DE MINAS GERAIS
Francisco Eduardo de Andrade
Mariza Guerra de Andrade

CONSELHO EDITORIAL DA COLEÇÃO
HISTORIOGRAFIA DE MINAS GERAIS
Adriana Romeiro (UFMG)
Íris Kantor (USP)
Caio Boschi (PUC Minas)
Luciano Raposo de Almeida Figueiredo (UFF)

EDITORA RESPONSÁVEL
Rejane Dias

TRADUÇÃO DE TERMOS LATINOS
Aldo Eustáquio Assir Sobral

ATUALIZAÇÃO ORTOGRÁFICA E REVISÃO LINGUÍSTICA
Cecília Martins

CAPA
Diogo Droschi (sobre imagem de José Joaquim Viegas de Menezes, 1809. Paço Episcopal de Mariana. Acervo do Museu Arquidiocesano de Arte Sacra de Mariana)

FOTOGRAFIA
Leonardo Lara

DIAGRAMAÇÃO
Conrado Esteves

Dados Internacionais de Catalogação na Publicação (CIP)
(Câmara Brasileira do Livro, SP, Brasil)

Vasconcelos, Diogo de
  História da Civilização Mineira : Bispado de Mariana / Diogo de Vasconcelos ; Francisco Eduardo de Andrade e Mariza Guerra de Andrade (coordenação). -- Belo Horizonte : Autêntica Editora, 2014. -- (Coleção Historiografia de Minas Gerais, Série Alfarrábios, 3)

  Bibliografia.
  ISBN 978-85-8217-111-0

  1. Vasconcelos, Diogo Luís de Almeida Pereira de , 1843-1927 2. Minas Gerais (MG) - História 3. Minas Gerais (MG) - Episcopado 4. Minas Gerais (MG) - Historiografia I. Andrade, Francisco Eduardo de. II. Andrade, Mariza Guerra de. III. Título. IV. Série.

12-15655   CDD-981.51
                                                                 262.12

Índices para catálogo sistemático:
1. Minas Gerais (MG) : História   981.51
2. Minas Gerais (MG) : Episcopado   262.12

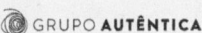

Belo Horizonte
Rua Aimorés, 981, 8º andar . Funcionários
30140-071 . Belo Horizonte . MG
Tel.: (55 31) 3214 5700

São Paulo
Av. Paulista, 2.073, Conjunto Nacional,
Horsa I . 23º andar, Conj. 2301 . Cerqueira
César . 01311-940 . São Paulo . SP
Tel.: (55 11) 3034 4468

Televendas: 0800 283 13 22
www.grupoautentica.com.br

Sumário

Apresentação   7
Francisco Eduardo de Andrade
Mariza Guerra de Andrade

Obra de Diogo de Vasconcelos
Linhas do poder episcopal no território mineiro   9
Francisco Eduardo de Andrade

**História da Civilização Mineira
Bispado de Mariana**   35
Diogo de Vasconcelos

Capítulo primeiro   39
Capítulo segundo   51
Capítulo terceiro   61
Capítulo quarto   77
Capítulo quinto   103
Capítulo sexto   121
Aditivos e notas   145

Imagens   161
Glossário   177

Apresentação

Francisco Eduardo de Andrade
Mariza Guerra de Andrade

Desde que propusemos a coleção Historiografia de Minas Gerais, sabíamos da necessidade de selecionar, para integrar a série Alfarrábios, algum texto do historiador Diogo de Vasconcelos. Suas obras – as *Histórias das Minas Gerais* – tornaram-se verdadeiros clássicos, não havendo leitor que, se quisesse investigar o passado setecentista do território aurífero, pudesse dispensar a leitura dos seus textos, que juntavam fluência narrativa e apontamentos explicativos. Mas essas *Histórias*, cujas edições são relativamente disponíveis ao público leitor, gozando de boa reputação, são comumente referidas por diversos agentes quando pretendem relatar os fatos da história ou compor o passado do patrimônio cultural de Minas. Por isso, pensamos em propor a reedição de outra obra de Diogo. Selecionamos um texto que, publicado depois da morte do historiador e com apenas uma edição (há mais de três quartos de século), complementava, ou mesmo distinguia-se, dos traços já observados nos seus livros anteriores.

Trata-se do livro que agora buscamos tirar do esquecimento, com esta nova edição bem cuidada, *História da Civilização Mineira: Bispado de Mariana*. Pensamos que o leitor irá encontrar o mesmo Diogo, conhecedor dos meandros institucionais e do direito na colonização do Antigo Regime português. A face que se mostra, no entanto, é a da Igreja, no plano episcopal, integrada ao espaço político-administrativo do território mineiro, entre o período colonial e o início do regime republicano. Para o autor, os regimes políticos do Brasil e de Minas mudaram, entre os séculos XVIII e XX, mas as instituições eclesiásticas, por meio do governo pastoral, alicerçaram a sociedade civil. Assim, transparece um Diogo confiante no futuro da sua pátria.

Além de compor uma síntese histórica, que ainda instiga os trabalhos de revisão, esta obra sobre o bispado de Mariana conserva o propósito historiográfico dos intelectuais católicos desde que o Estado deixou de guarnecer os poderes da Igreja. O texto, como veremos, compromete-se com a pedagogia cristã de civismo e indicia os símbolos/valores culturais do passado que, enraizados na religião, condensam o (supostamente elevado) sentido moral da sociedade.

Procuramos garantir a fidelidade ao livro-texto da edição original, retirando, no entanto, acréscimos postiços prejudiciais à unidade da obra ("Ao leitor", breve apresentação de autoria de Roberto de Vasconcelos", e o "Discurso pronunciado perante a Sociedade propagadora da Instrução", como anexo), que atendiam o plano do filho de Diogo, Roberto de Vasconcelos, responsável pelo preparo dos originais publicados uma única vez, em 1935.

Convidamos o leitor, mais uma vez, a percorrer um texto modelar, de autoria de um historiador que ajudou a compor os fundamentos da cultura historiográfica de Minas Gerais.

Obra de Diogo de Vasconcelos: linhas do poder episcopal no território mineiro

Francisco Eduardo de Andrade

Cidade e monumento: *Roma* no sertão

Em 1908, quando Diogo de Vasconcelos divulgou a carta de Pero Vaz de Caminha na forma de um "diário", pretendendo que a sua leitura fosse "um recreio para uma hora vaga", ele ainda quis ensinar ao leitor que o ápice dos ritos possessórios fora a consagração do novo território, com a celebração da missa solene. O descobrimento e a conquista portugueses da América, como planos político-jurídicos, foram legítimos precisamente por essa inscrição na evangelização católica. Esta significou tanto a conversão cristã, com a apreensão das verdades da fé, quanto o alinhamento civil. A missa do descobrimento, para Diogo, foi um "espetáculo" ao redor do altar que, assumindo uma liturgia política e religiosa, conferiu "o início da civilização".[1] Os índios não passaram de espectadores que, no máximo, imitavam os gestos dos devotos europeus.

Anos antes, assumindo um tom confessional no livro *História antiga das Minas Gerais*, Diogo observou que a decisão de escrever a obra aconteceu num evento especial, em 1898: depois de ter assistido à missa, na capela de São João, para celebrar o bicentenário de Ouro Preto. A missa, no templo original, pretendeu solenizar a data do descobrimento das minas do lugar, quando "raiou a ordem civil" no sertão do Brasil e extinguiu-se a fase do "mistério".[2] Como outros escritores da época, é

---

[1] VASCONCELOS, Diogo de. *Diário de Vera Cruz*. Belo Horizonte: Editores Paes e Companhia Livreiros, 1908. p. 19-20.

[2] VASCONCELOS, Diogo de. *História antiga das Minas Gerais*. Ouro Preto: Beltrão & C. Livreiros Editores, 1901. Advertência, p. 155.

certo que o historiador articulou um evento ao outro, os dois descobrimentos integrando a mesma cadeia do destino nacional. Um no litoral, quando ainda mal se conseguira sondar a terra fabulosa; o outro no sertão, quando enfim desvelara-se a economia minerária, constitutiva do caráter urbano do efetivo povoamento.

A liturgia da missa sinalizou esse enredo factual, conduzido pela rememoração significativa: a primeira missa na Terra de Vera Cruz, a missa na capela das minas descobertas, as missas das celebrações *monumentais* promovidas pela elite política no bicentenário de Ouro Preto – em 1898 e, sobretudo, em 1911, quando se completaram duzentos anos de fundação da vila e de organização do governo camarário.

Diogo, que nascera em outra célula da *pátria* de Minas Gerais – Mariana –, nas proximidades da capital provincial, assinalou, ao mesmo tempo, a precedência histórica do seu lugar de origem.[3] O núcleo do

---

[3] O nome completo era Diogo Luís de Almeida Pereira de Vasconcelos. Ele nasceu em 1843 e morreu em 1927. Advogado, político e historiador, residiu em Ouro Preto – na famosa chácara da Água Limpa –, onde foi chefe político (cf. MATOS, Mário. Elogio do senador Diogo de Vasconcelos. *Revista do Arquivo Público Mineiro*, v. 22, 1928, p. 177-200). O "elogio" de Mário Matos, na Academia Mineira de Letras, procurou demarcar o legado intelectual do historiador – conservador, católico, romântico –, influindo na apropriação posterior da sua obra. Mas foi Diogo de Vasconcelos foi um intelectual, digamos, antimoderno, que investiu na continuidade histórica, na fundamentação espiritual-religiosa, na imaginação simbólica e tradicional? A resposta positiva depende da interpretação que se revela na trama intertextual dos seus escritos (histórias, discursos, artigos de jornais). Na realidade, esse e outros rótulos (como o de pré-moderno), teleológicos, impedem a apreensão das ambiguidades e das trocas complexas experimentadas pela geração intelectual de Minas Gerais, num período de transformações profundas da cultura e da sociedade brasileiras, entre o final do século XIX e do início do século seguinte. Assim como outros escritores da época, Diogo conferiu, dimensionou e propôs tradições mais legítimas ao povo mineiro (e brasileiro, como consequência), enredando-se necessariamente ao processo de renovação política e cultural. De qualquer maneira, a postura do autor e as suas concepções contribuíram para as especificidades de um "modernismo mineiro": preocupação *patriótica* – com temas locais ou regionais –, apego à historicidade regional, pretendendo compreender os sujeitos históricos, o universalismo cristão que funda uma crítica à razão estritamente técnica ou instrumental. Diogo – moço que cultivou "hábitos boêmios" – foi um galhofeiro contumaz (conforme Mário Matos, que procurou identificá-lo no final dos anos 1920), cuja atitude irônica às vezes transparecia no discurso parlamentar ou no trabalho historiográfico (cf. VELLOSO, Monica Pimenta. *História e Modernismo*. Belo Horizonte: Autêntica, 2010. p. 62-63; VELLOSO, Monica Pimenta. Introdução: questões do modernismo brasileiro. *Artelogie*, n. 1, Sep. 2012. Disponível em: <http://cral.in2p3.fr/artelogie/spip.php?article72>. Acesso em: 25 jun. 2013). O ideário antimoderno (ou "conservador") esteve

descobrimento – articulado à edificação da capela e à pastoral religiosa – que deu origem à vila de Nossa Senhora do Carmo (futura Mariana) era, de acordo com a datação proposta pelo historiador, mais antigo do que o de Vila Rica/Ouro Preto. Ademais, a fundação da Vila do Carmo (com a eleição e a posse dos oficiais camaristas), embora também alcançasse o bicentenário em 1911, fora em dia antecedente ao acontecimento fundador de Vila Rica. Por causa de seu apego congênito à ordem civil, a Vila do Carmo desempenhou, ainda, o prestigioso papel de sede do governo das Minas Gerais, antes que os governadores da capitania passassem a residir e despachar em Vila Rica. Diogo foi talvez o mais eloquente porta-voz desse passado, propondo fazer da *sua pátria* um espelho monumental da pátria mineira:

> Quiseram com efeito os destinos, que fosse aqui em nosso afortunado torrão, onde se iniciassem, fase por fase em Minas os fastos da vida organizada; e neste sentido, Mariana, senhores é bem que se ufane de ter sido o berço do povo mineiro. A história particular de Mariana pode servir por isso de proêmio à história geral de Minas [...]. E na verdade, se Minas deve a sua existência aos descobridores do ouro, Minas aqui surgiu no dia em que foi descoberto o ribeirão do Carmo.[4]

Essas questões de primazia histórica, que nos parecem insignificantes, revelam as concepções de agentes políticos e de intelectuais mineiros, nas primeiras décadas do século XX, que faziam da Vila do Carmo/cidade Mariana, ou o seu enquadramento municipal, um *locus* político e religioso modelar, a ser reproduzido em outros lugares ou vilas instituídas no processo de formação da capitania/província de Minas Gerais.

Houve discursos dos camaristas da cidade de Mariana, no século XVIII, que podiam servir a essa composição idealizada do quadro

---

na encruzilhada da via moderna no Brasil, o que indica as dificuldades do pesquisador na trilha dessa antinomia (cf., por exemplo, CRUZ, Natalia dos Reis. O diálogo entre o moderno e o antimoderno no discurso da Ação Integralista Brasileira. *Estudos Ibero-Americanos*, Porto Alegre, v. 37, n. 2, jul./dez. 2011, p. 196-214. Para uma instigante crítica da historiografia do cânone modernista, cf. GOUVEIA, Saulo. The Catholic Crusader and the Folklorist: Alceu Amoroso Lima and Mário de Andrade as Founding Fathers of Modernist Criticism and Historiography. *Chasqui*, v. 41, n. 1, may 2012, p. 37-58).

[4] BICENTENÁRIO de Mariana (Vila de Nossa Senhora do Carmo). 1711-1911, 5 de julho. *Discurso oficial do orador oficial Dr. Diogo Luiz de Almeida Pereira de Vasconcelos*. Belo Horizonte: Imprensa Oficial do Estado de Minas Gerais, 1912. p. 8.

municipal, conforme o pretendido circuito dos poderes civil e religioso. Em 1757, o governo local, visando representar o seu domínio político, descreveu, à maneira homogênea de um mapa geográfico, a trama de matrizes e capelas – as paróquias constitutivas do Termo – que *naturalmente* estava acoplada à "árvore" hidrográfica do ribeirão do Carmo e à cidade (sede da câmara e sede episcopal) situada na base do seu "tronco".[5]

O território marianense aperfeiçoou-se (em termos de sentido histórico), conforme Diogo, que conjugou a pátria particular ou pessoal – microcosmo da genealogia familiar – com a *pátria comum* – espacialização do Estado nacional aliado ao universo católico romano –, na medida em que a ordem político-social assumiu os valores absolutos da civilização cristã.[6] Assim, o historiador propôs as datas-monumentos: o descobrimento de ouro no ribeirão do Carmo em 1696, no mesmo dia da aparição medieval da Virgem do Carmelo, o que precipitou de fato o povoamento do território das Minas; a criação da *urbs* em 1711, reunindo os arraiais do lugar (ainda sob a mesma invocação de Nossa Senhora), e, finalmente, a elevação da vila a cidade e a sé do bispado de Minas Gerais em 1745. Inspirando-se na narrativa providencial do descobrimento do Brasil, Diogo chegou a converter o lugar do ribeirão do Carmo em *Monte Pascoal* ou em *Porto Seguro* dos sertões do ouro. A capela consagrada, construída no morro adjacente, tornou-se o marco monumental da primeira missa.[7]

Essa história (ou a história-narrativa), de acordo com Diogo, exigia a produção ou a conservação dos signos monumentais – marcos

---

[5] REGISTRO da relação dos lugares e povoações do Termo desta cidade Mariana, nomes das mesmas com a sua longitude e descrição dos rios que por elas passam – O Ribeirão do Carmo (1757). *Revista do Arquivo Público Mineiro*, Belo Horizonte, v. 11, n. 1-2, 1906, p. 715-722.

[6] A distinção entre *patria propria* e *patria communis*, legado do direito romano, passou ao cristianismo europeu, designando a "pátria comum" o território do reino cristão, parte, ainda, da cristandade (que se integrava à pátria celestial). No período medieval, o rei torna-se o *pater patriae*, com a missão divina de proteger e defender os cristãos da sua pátria. Assim, "a noção de *patria communis* é identificada à *patria christianorum*" (IOGNA-PRAT, Dominique. *La Maison Dieu. Une histoire monumentale de l'Église au Moyen Âge (v. 800-v. 1200)*. Paris: Éditions du Seuil, 2006, p. 128-129, tradução nossa).

[7] Cf. BICENTENÁRIO de Mariana (Vila de Nossa Senhora do Carmo). 1711-1911, 5 de julho. *Discurso oficial do orador oficial Dr. Diogo Luiz de Almeida Pereira de Vasconcelos*. Belo Horizonte: Imprensa Oficial do Estado de Minas Gerais, 1912. p. 8-16.

comemorativos e edificações significativas – expressivos dessa identificação patriótica comum:

> Falando mais do passado que do presente e mais do presente que do futuro, os monumentos ativam a energia conservadora dos sentimentos, e são o lastro moderador das virtudes antigas no ímpeto ardente das ideias. Formas da vida, que passa, temos de desaparecer para darmos lugar a novas, que representem o progresso; e por isso a brevidade da vida nos afasta, cada século mais, do meio em que se geram as tradições. O remédio é, pois, deixarmos símbolos, que não morram conosco, mas lembrem a solidariedade dos tempos no aperfeiçoamento da marcha coletiva.[8]

Os monumentos da *urbs*, assim, inspiram-se no papel simbólico exemplar desempenhado pelas edificações consagradas, como as igrejas (e sacrários), e pelas relíquias, como a imaginária devocional. É certo que esse relicário cívico-religioso se compõe também dos despojos de personagens heroicos ou de benfeitores notáveis (alguns mostrando ares de santidade, como determinados bispos marianenses), cujas sepulturas contribuem para a sacralidade do entorno, ao mesmo tempo que documentam a herança do passado. Parece que, na concepção de Diogo, todas essas coisas sagradas eram as expressões mais tangíveis, e orgânicas, da verdade providencial que sustentava a "solidariedade dos tempos". Portanto, esses eram os monumentos mais verdadeiros.

Os membros do Instituto Histórico e Geográfico de Minas Gerais (IHGMG), numa reunião de 24 de junho de 1944, observando também a preponderância histórica de Mariana – primeira célula dos poderes político-jurídico e religioso da região de Minas Gerais –, propuseram a "indicação" da cidade ao título de *monumento nacional*. Aproveitando para forjar outros Centenários de Mariana – fundação da cidade e do bispado –, o IHGMG entendeu que se devia pleitear para Mariana o reconhecimento histórico e artístico (ou o valor de patrimônio) atribuídos a Ouro Preto, que recebera, no Estado Novo, o título de "cidade monumento". No dia seguinte à sessão deliberativa, comunicou-se a indicação ao presidente Getúlio Vargas e ao arcebispo de Mariana, Dom Helvécio Gomes de Oliveira.[9]

---

[8] *Ibidem*, p. 17.

[9] Para consultar os documentos e um relato sobre a concessão do título de monumento nacional a Mariana, cf.: "Mariana, Cidade-Monumento", *Revista do Instituto Histórico e*

A perspectiva de Diogo de Vasconcelos, com efeito, permeou as justificações apresentadas na indicação do IGHMG. Uma destas, que representa ó religioso como signo monumental por excelência, aponta a mesma visão do prestigiado historiador: "Considerando que a velha e tradicional cidade mineira não é apenas 'um museu de igrejas e um *panteón* de mitras', mas ainda a Roma de Minas e relicário inestimável de obras artísticas". Evidentemente, os documentos escritos compunham o relicário das tradições do lugar, obrigando às *peregrinações* da pesquisa, como os autores da indicação atestaram: "Considerando ainda que é necessário ir-se a Mariana para *bem sentir e compreender a história* do nosso Estado, em razão dos seus preciosíssimos Arquivos Coloniais, Civis e Eclesiásticos".[10]

Avaliada no Ministério da Educação (dirigido por Gustavo Capanema), que respondia pelo Serviço do Patrimônio Histórico e Artístico Nacional (SPHAN), a proposta foi muito bem acolhida, pois sancionava o "tombamento" do "conjunto arquitetônico e urbanístico da cidade", conferido por lei de 1937. O decreto presidencial, publicado em 6 de julho de 1945, com um único artigo, erigiu esse "conjunto" da cidade em monumento nacional. Parece evidente que o Patrimônio Histórico e Artístico previu, no sítio urbano, a preservação do casario, das obras públicas e, sobretudo, das igrejas, consideradas as balizas fundamentais da aglutinação urbana setecentista. Parece evidente que o SPHAN partilhava com os proponentes do IHGMG o fundamento alegórico da política patrimonial, numa época de crise dos valores simbólicos,

---

Geográfico de Minas Gerais, n. 2, 1946, p. 54-59; VASCONCELOS, Salomão de. Mariana, "Monumento Nacional". In: *Breviário histórico e turístico da cidade de Mariana*. Belo Horizonte: Biblioteca Mineira de Cultura, 1947, p. 95-97. Agradecemos à pesquisadora Polliana Gerçossimo Vieira, que reuniu e disponibilizou essas referências documentais.

[10] "Mariana, Cidade-Monumento", *op. cit.*, p. 54-55, grifo nosso. Diogo de Vasconcelos forneceu os argumentos para a monumentalização, se conferirmos o texto de Salomão de Vasconcelos – sobrinho de Diogo, secretário geral do IHGMG – sobre o bicentenário da cidade (22 de abril) e do bispado (6 de dezembro) em 1945. Salomão, no entanto, foi enfático, comparando as duas datas de (re)fundação política do lugar do ribeirão do Carmo: "Não lhe bastava, porém, essa dignidade [de vila], *pequena ainda para os seus destinos*, e trinta e quatro anos mais tarde, concorrendo-lhe outros atributos e novos brasões, marcou-se-lhe em definitivo, a hegemonia, entre as demais comunas mineiras, com o título conquistado de Cidade, que lhe outorgou [...] a carta régia de 22 de abril de 1745 [ato antecedente, no rito de instituição papal da sede do bispado mineiro]" (cf. VASCONCELOS, Salomão de. Bicentenário de Mariana. *Revista do Instituto Histórico e Geográfico de Minas Gerais*, n. 2, 1946, p. 50-53, grifo nosso).

gestando uma narrativa "sobre uma situação histórica presente, na qual existe um forte sentimento de perda, transitoriedade, ao mesmo tempo em que existe um desejo permanente e insaciável pelo resgate de um passado histórico ou mítico, além de uma permanente esperança de um futuro redimido".[11] À luz de um diagnóstico fatalista do rumo incerto do progresso, essa política visava conservar os objetos/valores de significados socioculturais para a *nação*, o que impunha, conformando-se ao quadro conflituoso das relações de força políticas e ideológicas, a seleção, a classificação e as formas de representação das coisas exigentes de preservação (ou apropriação).

Porém, supondo que a urbanização e a identidade dos moradores de Minas Gerais dependessem fundamentalmente das expressões da religiosidade católica, o secretário geral do IHGMG, Salomão de Vasconcelos, proponente mais decidido da candidatura de Mariana – e talvez o próprio arcebispo –, parece ter ficado relativamente desapontado com o decreto, que não especificou o significado histórico de a cidade sediar a diocese primaz da região e assumir papel de relevo na instituição da ordem civil do interior brasileiro. De qualquer maneira, como Salomão observou também, essa singularidade parecia implícita nos termos do reconhecimento oficial.[12]

A linha na espiral da história do *Bispado de Mariana*

Consideramos, porém, que a visão de Diogo de Vasconcelos – político e intelectual prestigiado –, numa época de comemorações de *datas-centenários*, nas primeiras décadas do século XX, não se ajustou bem com os planos construtivos de monumentos imponentes, ou efetivamente marcantes, relacionados aos acontecimentos políticos da pátria, a serem erguidos em locais centrais das cidades patrimoniais, como

---

[11] GONÇALVES, José Reginaldo Santos. *A retórica da perda: os discursos do patrimônio cultural no Brasil*. Rio de Janeiro: Editora UFRJ; IPHAN, 1996, p. 27. Apreendemos a aproximação, conferida pelo autor, entre a perspectiva de Walter Benjamin e as concepções das narrativas do patrimônio cultural nacional.

[12] "Pena é que os considerandos do decreto não acentuassem mais claramente, como seria de justiça e o desejaria o exmo. Sr. Arcebispo, D. Helvécio Gomes de Oliveira, a obra meritória do Bispado nestes dois séculos de ininterrupta atuação nos fastos da civilização cristã de Minas Gerais" (VASCONCELOS, Salomão de. "Mariana, 'Monumento Nacional'", *op. cit.*, p. 96).

Mariana e Ouro Preto.[13] Apesar da exaltação retórica em um discurso de estímulo à educação, que constrói a "cidade da inteligência", ainda na época imperial, ele propôs:

> As estátuas de bronze e os monumentos de mármore eram os recursos com que os homens contavam para insultarem os nevoeiros da história e atalharem o esquecimento da posteridade. Daqui em diante, porém, reconhecida a insuficiência destes meios, demanda-se a imortalidade mesmo em suas divinas regiões, onde o cinzel imparcial e severo da civilização talha monumentos eternos a seus gênios tutelares.[14]

Diogo observou e valorizou a composição monumental difusa, diretamente articulada ao processo histórico, que devia se apropriar do espaço urbano e fundar os sítios de memória histórica. Isso o conciliou com os planos de instituição simbólica do novo regime republicano em Minas Gerais. Na ocasião do centenário do suplício de Tiradentes (início dos anos 1890), correspondendo à pretensão de um calendário republicano, os porta-vozes do novo regime em Minas Gerais não deixaram de apontar que o quadro do passado – relato e lugar – superava o padrão colossal de pedra com a estátua do herói, que se inaugurara na praça principal da cidade: "A história de Minas [...], os rochedos e grutas alpestres do velho e glorioso Ouro Preto, que falam da *Inconfidência*, e hão de ir, no tempo, além das construções humanas, mais ainda de que o suntuoso monumento, perpetuarão a lembrança do patriota mártir e do seu sacrifício inolvidável".[15]

---

[13] Observam-se alguns centenários significativos para os propagadores da memória coletiva em Minas Gerais (que se integraram à Academia Mineira de Letras e ao Instituto Histórico e Geográfico de Minas Gerais) entre a Primeira República e o Estado Novo: quadricentenário do descobrimento do Brasil em 1900, bicentenário da criação das primeiras vilas e câmaras municipais mineiras em 1911, centenário da independência do Brasil em 1922, bicentenário da cidade e do bispado de Mariana em 1945. Uma data, ainda, tornou-se impositiva no calendário do culto cívico: a morte de Tiradentes, cujo centenário, em 21 de abril de 1892, ensejou o propósito de construção de um monumento mais expressivo da Inconfidência, encimado com a estátua do "protomártir". O monumento, com efeito, foi inaugurado em 1894 (cf. [Coleção] Arquivo Público Municipal de Ouro Preto [APMOP], [jornal] *Minas Gerais*, Ouro Preto, n. 106, 21 de abril de 1894, p. 3).

[14] "Discurso Pronunciado perante a Sociedade Propagadora da Instrução", cf. VASCONCELOS, Diogo de. *História da Civilização Mineira*. 1ª Parte: *Bispado de Mariana*. Belo Horizonte: Edições Apolo, 1935 (suprimido desta edição).

[15] APMOP, [jornal] *Minas Gerais*, Ouro Preto, n. 106, 21 de abril de 1894, p. 3.

Portanto, o político historiador (que foi presidente da Câmara e agente executivo de Ouro Preto, entre 1892 e 1894)[16] preferiu as expressões prestigiosas da história, supondo-as já inscritas numa urbanização citadina modelada fundamentalmente pela religiosidade dos antepassados. Afinal, como ele concluiu no seu exame das artes visuais e da arquitetura – *artes liberais* –, conforme a edição preparada para o bicentenário de Ouro Preto, "a religião primeiro criou as belas-artes, e só ela soube iniciar artistas".[17]

A religião católica e a civilização do sagrado surgem no horizonte de suas preocupações historiográficas, estimuladas certamente pelo contexto político-social da Primeira República – plano de secularização do Estado, com o fim do padroado e a definição dos direitos civis laicos, conforme a Constituição Republicana de 1891.[18] Diogo criticou o padroado, ainda em vigor na época imperial, mas, assim como as autoridades episcopais católicas, ele reagiu contra as práticas dos positivistas ou dos progressistas do regime republicano que forjavam um espaço público

---

[16] Diogo, que exerceu a função de secretário do governo da província de Minas Gerais, foi deputado das Assembleias geral e provincial (nesta atuou em duas legislaturas) durante o Império, presidente e agente executivo da Câmara de Ouro Preto, instalada após as constituições federal e mineira (1891), e senador do Estado de Minas Gerais. Reagindo ao plano de transferência da capital mineira previsto na constituição estadual, Diogo, quando assumiu a função executiva da capital, determinou a integração das terras abandonadas da serra de Ouro Preto – minerárias ou de sesmaria – ao patrimônio municipal (estabelecido por concessão régia do rocio), pretendendo o seu aforamento e "como é necessário e exigido ao grande desenvolvimento da cidade" (APMOP, Livro de Ata da Intendência e da Câmara Municipal 1890-1894, Ata da instalação da Câmara municipal de Ouro Preto [07/03/1892], p. 66-67; Livro de Ofícios e Portarias 1892-1893, Edital sobre terrenos foreiros [12/07/1892], p. 13v-14. Agradecemos à equipe do APMOP por gentilmente disponibilizar esses documentos).

[17] VASCONCELOS, Diogo de. As obras de Arte. In: DRUMMOND, Maria Francelina Silami Ibrahim (Org.). *Ouro Preto: cidade em três séculos. Bicentenário de Ouro Preto: memória histórica (1711-1911)*. Ouro Preto: Editora Liberdade, 2011, p. 166. (reedição do texto de 1911). Essa valorização estrita das chamadas artes liberais da época colonial perdura em intelectuais ligados ao IHGMG (cf. ANDRADE, Francisco Eduardo de. Augusto de Lima Júnior entre o mito e a verdade histórica: Aleijadinho e Tiradentes. In: PIRES, Maria do Carmo *et al.* (Orgs.). *Poderes e lugares de Minas Gerais: um quadro urbano no interior brasileiro, séculos XVIII-XX*. São Paulo: Scortecci; Ouro Preto: Editora UFOP, 2013).

[18] PINHEIRO, Alceste. A reorganização eclesiástica, o cardinalato e a despolitização do clero. In: *Usos do Passado: XII Encontro Regional de História – ANPUH*. Rio de Janeiro, 2006, p. 7-8.

expurgado das instituições eclesiais, justificativas teológicas e liturgias do poder do catolicismo.[19] Pode-se observar, um tanto esquematicamente, que, em vez dos fundamentos universais da cristandade, esses propunham valores da humanidade, prevendo direitos sociais e políticos constituídos, a partir do legado revolucionário francês, num Estado nacional triunfante. Assim, o padre Júlio Maria – oriundo do seminário de Mariana –, propagando a entronização do catolicismo brasileiro numa seara social entre as décadas de 1890 e 1900, atacou os positivistas por sua visão das leis naturais e positivas (humanas), o que não os deixava compreender que somente Deus – realidade metafísica – poderia conceber criativamente a harmonia ou o "espetáculo da natureza". "Às leis", dizia, "faltam a liberdade de construção, as leis não criam".[20]

Desde a Carta Pastoral Coletiva publicada em 1890 – uma resposta dos poderes eclesiásticos aos novos desafios do regime republicano –, e, sobretudo, a partir dos anos 1910 e 1920, com um claro agenciamento dos fiéis, as autoridades episcopais procuraram rever o papel político, social e intelectual da Igreja católica no enquadramento da sociedade, o que exigia criticar concepções enraizadas e propor estratégias sobre as suas práticas (não somente religiosas) no país.[21] As estratégias institucionais, propostas pelos dirigentes episcopais, assim como os efeitos da reforma, basearam-se ainda no sucesso dos laços políticos estabelecidos com as elites políticas regionais da Primeira República. Deu-se, nesse contexto,

---

[19] O combativo padre Júlio Maria (Júlio César de Morais Carneiro) foi bacharel, formado na Faculdade de Direito de São Paulo. Ele foi promotor público, mas resolveu entrar para o seminário de Mariana, sendo ordenado em 1891 (cf. OLIVEIRA, José Carlos de. O padre Júlio Maria, o positivismo e a ciência. *Revista SBHC*, n. 9, 1993, p. 17-30).

[20] *Ibidem*, p. 24. Os positivistas, por seu turno, retrucaram, entrando em campo oposto, teológico: "No entanto, não são do mesmo Criador e da mesma Criação o espetáculo inverso, da mesma Natureza, e o do doloroso e degradante estado a que se deixa descer imensa porção da criatura humana? Os pavorosos cataclismas dos terremotos, dos vulcões, dos tufões, das enchentes na destruição do trabalho [...]. Meter o diabo nisto, como costumam fazer os teologistas, é sofisma pueril e tolo, pois não destrói ele o pressuposto da onipotência divina?" (*apud ibidem*, p. 25).

[21] Em Mariana, Dom Silvério Gomes Pimenta, governante episcopal dos anos 1900 e 1910, "parece ter cumprido com exatidão o programa [de ação] da instituição [a Igreja católica brasileira] naqueles anos" (SILVEIRA, Diogo Omar da. *Sacerdos Magnus. Dom Oscar de Oliveira, O Arquidiocesano e a recepção fragmentada do Concílio Vaticano II na Arquidiocese de Mariana (1959-1988)*. Dissertação (Mestrado em História) – Faculdade de História, UFOP, Mariana, 2009. p. 71-74.

uma crescente divisão territorial diocesana que permitiu o aprofundamento dos poderes pastorais e administrativos dos bispos[22] – conforme, aliás, já propalava os tradicionais preceitos tridentinos.

A obra *História da Civilização Mineira: Bispado de Mariana*, de Diogo de Vasconcelos, compreendida no contexto salientado, conjugou três proposições ou perspectivas historiográficas, conforme a nossa seleção: a civilização de matriz católica da pátria; o governo pastoral dos bispos na ordem social do Estado; a configuração monumental da *urbs* sede episcopal.

A obra *Bispado de Mariana* foi originalmente editada em 1935, quase uma década depois da morte do historiador, e resultou dos esforços do filho de Diogo, Roberto de Vasconcelos. Na então apresentação "Ao Leitor" dessa edição, Roberto revelou que coligiu "autógrafos" (manuscritos) que estavam conservados no arquivo do seu pai "alguns dos quais constituem a obra" –, pretendendo, parece, dar acabamento ao trabalho, isto é, solucionar o problema das "lacunas" do texto. Contudo, pressentindo as críticas, Roberto lembrou a sua "deficiência" em conseguir "preenchê-las". O pai cuidaria disso, se "não lhe tivesse fatal cegueira apagado a luz dos olhos, nos derradeiros tempos de sua existência". Portanto, Diogo compusera o plano da obra, mas, certamente buscando lapidar as anotações ou os registros do arquivo pessoal, ainda produzia uma versão do conjunto textual quando realmente viu-se na impossibilidade de continuar a pesquisa. Nos últimos meses de vida, sobretudo, o octogenário historiador alheara-se do seu costumeiro mundo ainda mais.[23]

---

[22] AQUINO, Maurício de. A modernidade republicana e diocesanização do catolicismo no Brasil: as relações entre Estado e Igreja na Primeira República (1889-1930), *Revista Brasileira de História*, São Paulo, v. 32, n. 63, 2012, p. 153-162. Esse autor critica Sérgio Miceli (que considerou no seu importante livro *A elite eclesiástica brasileira*, entre 1890 e 1930, a "estadualização" eclesiástica – cf. PINHEIRO, *op. cit.*, p. 6-7), pois este teria reduzido as ações da hierarquia católica ao pacto oligárquico. Aquino, por seu lado, prefere "diocesanização". De qualquer modo, a estrutura episcopal operou, com eficácia, os poderes administrativos e efetivou-se dependendo das articulações políticas dessas elites no âmbito regional, no período mais dilatado da "política dos governadores".

[23] VASCONCELOS, Roberto. Ao Leitor. In: VASCONCELOS, Diogo de. *História da Civilização Mineira. 1ª Parte: Bispado de Mariana*. Belo Horizonte: Edições Apolo, 1935. Coleção Biblioteca Mineira de Cultura. Além deste título da capa, na folha de rosto denominou-se simplesmente *Bispado de Mariana*. A obra foi dividida em 6 capítulos e uma parte de "Aditivos e Notas", no final. Nessa edição, ainda juntou-se um "Discurso

O autor indiciou o período da composição da obra quando se referiu a Dom Silvério Gomes Pimenta como sendo o "atual arcebispo". Este bispo tornou-se arcebispo em 1907, exercendo o múnus até 1922, quando faleceu. É mais provável, porém, que Diogo tenha começado a compor uma história do bispado de Mariana, ou que tenha tratado decididamente do tema, somente no fim da década de 1910, ou seja, depois de concluir o seu livro *História média de Minas Gerais*, entre 1917 e 1918 (ano de edição).[24]

Com efeito, o historiador escreveu um *Resumo da História da Arquidiocese de Mariana*, que publicou, em 1919, pela Tipografia Arquiepiscopal. Mas esse *Resumo* foi um livreto que não alcançou duas dezenas de páginas e apenas esboçou a futura obra.[25] Assim, é certo que a produção de um texto robusto, consolidando a proposta do livro sobre o governo diocesano, prolongou-se na década de 1920. Em certa passagem, o autor observou que o templo de São Pedro dos clérigos, em Mariana, ficara "no estado incompleto em que se acha [...], que, concluído, seria o mais grandioso exemplar do estilo em Minas".[26] No entanto, na parte do livro denominada "Aditivos e notas" – adição, separada do relato principal, sobre os monumentos sagrados – como as igrejas e as imagens –, mencionou-se, em nota sobre a igreja de São Pedro, que Dom Helvécio Gomes de Oliveira, sucessor de Dom Silvério a partir de 1922, terminara as obras do templo.

A obra apresentou os sinais das suas vicissitudes, como o filho de Diogo havia previsto. Pode-se notar algum comprometimento da unidade do texto e, ainda, ter a impressão de um final precipitado. Mas, mesmo

---

pronunciado [por Diogo] perante a Sociedade Propagadora da Instrução", que não se articula ao conjunto da obra.

[24] VASCONCELOS, Diogo L. A. P. de. *História Média de Minas Gerais*. Belo Horizonte: Imprensa Oficial de Minas Gerais, 1918. Preocupado com o objeto da sua narrativa, Diogo explicou "Aos Leitores" que, enquanto a obra *História Antiga* compreendia a "narração dos descobrimentos até a instalação da Capitania de Minas, separada de São Paulo, chegará este [livro] até 1785, e não passará, porque daí em diante vem raiando o episódio da Inconfidência, e esta, como fato culminante, exige maior tratamento. [...] 11 de junho de 1917".

[25] VASCONCELOS, Diogo de. *Resumo da História da Arquidiocese de Mariana*. Mariana: Tipografia Arquiepiscopal, 1919. Examinando a semelhança temática entre o *Bispado de Mariana* (1935) e o *Resumo*, constata-se que este foi uma versão muito reduzida, incipiente, daquela obra.

[26] VASCONCELOS, neste livro, p. 110.

assim, o trabalho conservou, visivelmente, a coerência na sua abordagem do processo de constituição do bispado de Minas Gerais, através dos governantes episcopais, os principais sujeitos dessa *História*, porque não se ateve à descrição sistemática dos diversos governos episcopais do território mineiro – incluindo os que estiveram sediados no Rio de Janeiro –, entre o século XVIII e o início do século XX. O autor demarcou, sobretudo, três atuações diocesanas (administrativas e religiosas) que indicariam as inflexões da civilização católica no período – conferidas na educação evangélica e civil, nas ações caritativas, no governo eclesiástico –, cujo cômputo geral teria resultado em progresso social e político: o de instituição do bispado de Minas Gerais, com o cisterciense português Frei Manuel da Cruz; o de domínio pastoral, com o lazarista português Antônio Ferreira Viçoso; o da autonomia religiosa e da elevação a arcebispado, com Silvério Gomes Pimenta, mestiço descendente de africanos, que nasceu em Minas Gerais e estudou no seminário de Mariana. Porém, a performance da Igreja não poderia ser reduzida, conforme Diogo, a um progresso linear, pelo menos até o episcopado de Antônio Ferreira Viçoso, porque alguns governantes diocesanos, experimentando adversidades do contexto político-social (principalmente durante a Independência e a Regência), fracassaram na conservação dos avanços civilizatórios obtidos por antecessores. O historiador indicou a sua concepção de tempo histórico: "Nesse vaivém em que se move a história, fluxo e refluxo do bem e do mal, vinga a boa natureza humana, e afinal se apura um saldo a favor da lenta mas indefectível espiral em que se aperfeiçoa".[27]

Nesse plano mais geral inscreveram-se as proposições do historiador, já traçadas acima, que foram constitutivas do *Bispado de Mariana*. A primeira – civilização católica da pátria – orientou o seu relato sobre as origens territoriais, quando Diogo examinou as paróquias em época anterior ao controle mais imediato dos bispos nas Minas Gerais. O povoamento e o domínio político-social do território luso-americano foi parte do quadro amplo da expansão da cristandade europeia, que, contrariando a separação evangélica entre os poderes da Igreja e os do Estado soberano, foi arrastada pelo absolutismo dos reis. No entanto, a colonização portuguesa, sob a égide do padroado, concebeu-se na missão evangélica da Ordem de Cristo, o que permitiu ao soberano, grão-mestre

---

[27] VASCONCELOS, neste livro, p. 123.

perpétuo da Ordem desde a concessão papal, "a intervenção nas coisas eclesiásticas; porque, além de governador e administrador perpétuo da Ordem, era ele seu ordinário e prelado regular".[28] Legítima, portanto, essa forma de "regalismo" católico do Antigo Regime português, porque o domínio clerical exercido pelo rei baseou-se no reconhecimento papal e no poder pastoral da função prelatícia.

No Império brasileiro, exigindo outros fundamentos institucionais, houve a "degeneração do regalismo", pois, sobretudo no Segundo Reinado (evocando, indiretamente, a "questão dos bispos" no período), o poder soberano foi imposto "sob as falsas doutrinas cesaristas aventadas pela Reforma protestante".[29] Conforme Diogo ainda, a Ordem de Cristo no Brasil independente perdeu qualquer função missionária de expansão da cristandade, sendo "sempre honorífica", isto é, serviu ao prestígio político, e as pretensões de padroado do governo brasileiro foram "ridículas", na medida em que fundava a sua "estatolatria cesarista [sic]" (forma autocrática do poder político) em uma ficção constitucional, o "povo". Ou seja, a soberania da Coroa imperial amalgamou os poderes absolutistas modernos, de vertente protestante, à legitimidade política liberal.[30]

---

[28] VASCONCELOS, neste livro, p. 39.

[29] VASCONCELOS, neste livro, p. 40. A "questão dos bispos" ou "questão religiosa" foi a denominação convencional do rumoroso caso sobre os dois bispos processados e presos pelo governo imperial, entre 1872 e 1875, porque eles, alegando a presença dos maçons nas confrarias, haviam suspendido as funções religiosas e interditado as capelas de associações poderosas das suas dioceses, sem acatar os recursos dirigidos ao Juízo da Coroa (cf. DORNAS FILHO, João. *O padroado e a Igreja brasileira*. São Paulo: Companhia Editora Nacional, 1938. p. 107-228. Coleção Brasiliana). Diogo de Vasconcelos, deputado na Corte do Rio de Janeiro, integrou-se à defesa dos bispos de Pernambuco e do Pará (*ibidem*, p. 163. Seu discurso sobre essa "questão religiosa" (o que ampliou significativamente uma questão episcopal) foi publicado na época, alimentando o debate (cf. VASCONCELOS, Diogo Luís de Almeida Pereira de. *Discurso do exm. sr. deputado [...] pronunciado na sessão de 31 de julho de 1873 sobre a questão religiosa*. Bahia: Tipografia Americana, 1873).

[30] VASCONCELOS, neste livro, p. 126-127. Diogo retoma as críticas do episcopado desde a época imperial. Em 1890, na Carta Pastoral Coletiva dos bispos brasileiros que se opuseram ao plano constitucional republicano, salientou-se a necessidade da "união" das duas sociedades perfeitas – Estado e Igreja –, supondo-se que também esta servia ao enquadramento da sociedade civil, na medida em que operava os poderes *legislativo*, *judiciário* e *penal*. Porém, na carta ainda se alertou: "queremos a união, porque Deus a quer [...]. Mas, notai bem, não queremos, não podemos querer essa união de incorporação

A história dos dízimos – contribuição regular dos fiéis para manutenção da clerezia e do culto – esteve determinada por essa separação entre os poderes civil e eclesiástico e pela onipresença do Estado político desde a instituição evangélica (Novo Testamento). Nos "primeiros séculos", os cristãos graciosamente faziam doações ou dádivas à Igreja, sem a obrigatoriedade política do pagamento. Mas, desde a Idade Média, os monarcas europeus da cristandade, especialmente os antecessores dos reis absolutos da Europa do norte, apropriaram-se dessas fontes de recursos materiais, transformando-as em "impostos". Embora fosse mais tardia essa instauração legal abusiva (apoiando-se ainda no direito canônico), ou injusta, na Península Ibérica, o historiador salientou que, em Portugal, os dízimos propriamente ditos, "Quer na lei antiga [medieval], assim na lei nova [moderna], tiveram origem política e foram, verdadeiramente, impostos que só o poder temporal faria valer, coagindo a execução".[31] Os reis apropriaram-se dos dízimos com a obrigação de pagar salários aos párocos, sustentar a execução dos ritos eclesiásticos e construir igrejas. No entanto, injustamente, o soberano não cumpria a sua parte dessa associação tradicional.[32] Por isso, a administração dos dízimos, no âmbito do exercício do padroado, esteve na raiz do confronto entre os agentes da Igreja e os do Estado.

No território das Minas Gerais, a Coroa fez bom negócio com a Igreja, ficando com os recursos dos dízimos, que eram lucrativos, mesmo quando passou a pagar as côngruas dos vigários ou dos párocos encomendados, cujo número foi insuficiente para as necessidades da população. Diogo indicou que os dízimos aumentaram a receita do Estado, na medida em que a sua contrapartida, que eram as despesas com a religião, foi sempre insatisfatória. O leitor é levado a concluir, então, que o Estado foi causa primária dos emolumentos "excessivos" dos párocos, ou da cobrança "odiosa" aos fiéis, em troca dos serviços pastorais.[33]

---

e de absorção, como tem tentado realizá-la certo ferrenho regalismo — monárquico ou republicano — união detestável, em que o regime das almas constitui um ramo da administração pública com o seu ministério de cultos preposto aos interesses religiosos" (apud *Revista Permanência*, Pastoral Coletiva de 1890. Disponível em: <http://permanencia.org.br/drupal/node/1327>. Acesso em: 04 ago. 2013).

[31] VASCONCELOS, neste livro, p. 45.

[32] Cf. VASCONCELOS, neste livro, p. 59, 105 *passim*.

[33] VASCONCELOS, neste livro, p. 49-50.

Além do problema da deficiência ou das injustiças da assistência religiosa, remontando às origens das Minas Gerais, houve um clero "licencioso e turbulento". Aqui já se tratava de um problema da própria instituição eclesiástica, sobretudo nos períodos de ausência do governante episcopal. Contudo, Diogo justificou, "o clero estava ao natural com a sociedade de seu tempo. O nível moral era esse; e os costumes corriam de parelha". O antigo regime social e político prejudicou ainda a formação eclesiástica, que era frouxa, "pois [nos tempos de reforma católica experimentados pelo autor] o que já não vinga é o interesse de ordenações facilitadas, visto o pouco escrúpulo de votos que, senão, teriam de cumprir".[34]

Apesar de tudo isso, Diogo observou que, reproduzindo as contradições da Idade Média europeia, a evangelização irradiou-se a partir de algumas famílias cristãs "e o mundo converteu-se pela educação de gerações novas – assim foi a redenção de Minas". Quanto ao mau clero, o autor amparou-se na força transcendente da verdade espiritual: "a fé, ainda que servida por Ministros imperfeitos", não havia como duvidar "que penetra, como o calor, na seiva da civilização, e desentranha-se em frutos da caridade, vida e alma de todas as virtudes". Além disso, ainda que espelhassem a sociedade, os clérigos, integrando as "classes mais ilustradas", contribuíram para forjar uma ordem pública ou civil mais justa.[35] A sociedade heterogênea, por outro lado, mudou, tornando-se, conforme a sugestão do autor, uma pátria e nação liberal, "e, apesar dos pesares, formou esta grande família unida", cujo catolicismo inspirou nas elites o reconhecimento da "igualdade perante Deus".[36]

A instituição do bispado de Mariana e a entrada solene do novo bispo, Dom Frei Manuel da Cruz, em 1748, marcou um novo tempo na

---

[34] VASCONCELOS, neste livro, p. 52.

[35] VASCONCELOS, neste livro, p. 53-54.

[36] VASCONCELOS, neste livro, p. 60. A desigualdade social e econômica, evidentemente, permanece, pois é inerente ao Estado-nação. O padre Júlio Maria, propagador de uma reforma católica, explicitou: "em toda sociedade há necessariamente desigualdades que contrariam o orgulho e a vaidade humana. Há em toda sociedade cabeças que pensam e braços que executam, juízes e jurisdicionados: há em toda sociedade o que se chama uma hierarquia, a qual repousa sobre as desigualdades. Ora, a lei promulga as desigualdades, mas só a Religião as faz aceitar. Portanto, meus amigos [ou seja, membros das elites], sustentem todos a Religião. Trabalhemos todos para que no Brasil o Estado e a Igreja se entrelacem, como podem e devem fazê-lo, no interesse do povo e para a salvação da Pátria" (*apud* OLIVEIRA, José Carlos de, *op. cit.*, p. 20).

história da Igreja, com o governo pastoral enraizado no território mineiro. No entanto, Diogo, como advogado liberal interessado na distinção das jurisdições, ainda observou a continuação dos males civis da administração episcopal. Os termos das visitas episcopais ou as cartas pastorais, quando demasiadamente rigorosas, embora tendessem a "moralizar a sociedade", foram inadequados ao enquadramento virtuoso da população, pois, fundando-se num direito inquisitorial (produtor de devassas) e "fazendo-se de polícia, perdia toda a força moral; visto que recorria a penas temporais, como se a Igreja mesmo duvidasse da sua eficácia em matérias de fé, penas que, aplicadas à moral, não convencem e até irritam".[37]

Além do quadro institucional dos poderes governamentais – justiça, fisco – entranhados na Igreja, Dom Frei Manuel da Cruz foi obrigado a enfrentar forte oposição da maioria dos cônegos capitulares – "parece terem vindo para Mariana à cata das dignidades e benefícios, mostrando-se desde logo indisciplinados e soberbos" –, o que se traduziu nos embates constantes relacionados às liturgias ou às provisões da Sé.[38] O relativo fracasso dos planos episcopais de disciplina social e eclesiástica foi, assim, mais por culpa do cabido, dos párocos desobedientes, dos frades apóstatas ou dos potentados "irreverentes"[39] do que do governante episcopal, um "virtuoso fundador" num meio demasiado turbulento.[40] De qualquer

---

[37] VASCONCELOS, neste livro, p. 77. Rigor, arbitrariedade e linguagem virulenta que se percebem, principalmente, na administração do bispo proveniente do Rio de Janeiro, Dom João da Cruz, que esteve ainda bastante interessado na arrecadação das rendas da mitra durante as visitas, no começo da década de 1740 (cf. p. 64-73).

[38] VASCONCELOS, neste livro, p. 88.

[39] Nessa passagem ecoa, por exemplo, a acusação do episcopado a Antônio Conselheiro, que promovera revolta no sertão baiano na década de 1890. No seu relatório acusatório encaminhado ao arcebispado da Bahia, em 1895, o capuchinho Frei João Evangelista admitiu que o Conselheiro opunha-se aos fundamentos da instituição religiosa (abrigada no Estado republicano), sob a capa de fiel zeloso da ortodoxia: ele "contesta o ensino, transgride as leis e desconhece as autoridades eclesiásticas, sempre que de algum modo lhe contrariam as ideias, ou os caprichos; e arrastando por esse caminho os seus infelizes sequazes, consente ainda que eles lhe prestem homenagens que importam um culto, e propalem em seu nome doutrinas subversivas da ordem, da moral e da fé" (ANTÔNIO CONSELHEIRO: relatório apresentado pelo Reverendo Frei João Evangelista de Monte Marciano ao arcebispado da Bahia sobre Antônio Conselheiro e seu séquito no arraial dos Canudos. Bahia: Tipografia do *Correio de Notícias*, 1895, p. 5 – atualizamos a ortografia do texto citado).

[40] O cabido da Sé de Mariana, agência mais política-administrativa do que religiosa durante a época colonial, chegou a dividir-se em duas ou três facções de poder que se enfrentaram,

forma, o seu episcopado "foi laborioso e fecundo", pois estendeu o ordenamento paroquial e mostrou-se vigilante quanto aos costumes e à moralidade. Mas, Diogo ainda salientou: "Nenhum serviço, porém, foi maior que a fundação do seminário" de Mariana, Nossa Senhora da Boa Morte, "*alma mater* da vida intelectual da nossa pátria".[41]

Ainda assim, o historiador foi taxativo sobre a Igreja do Antigo Regime português, com seus pastores-bispos desmoralizados e beneficiários, especialmente a partir do estrito regalismo da segunda metade do século XVIII: "convertida [...] em instrumento de um ministro ateu [Marquês de Pombal], era uma Igreja que ou, por ser muito pobre, se humilhava ou, por muito rica, transigia, com a mira de não perder cabedais e benefícios".[42] Nas atividades pastorais e na evangelização observou-se idêntico desvio do papel histórico da Igreja: os padres, muito numerosos, "alguns poderosos e ricos, mas em geral esquecidos do caráter sacerdotal".[43]

A inflexão no domínio pastoral do rebanho de fiéis somente aconteceu no governo de Dom Antônio Ferreira Viçoso, de acordo Diogo, anunciando o tempo vindouro do reformismo católico e da autonomia funcional da Igreja. Antes desse bispo, "Nenhum dos bispos [...] deixou de ser amargurado, nenhum; nem mesmo Frei Cipriano, pode afirmar-se, conseguiu instaurar em princípio a vida espiritual da diocese". Ademais,

---

visando o governo diocesano, após a morte do bispo Dom Frei Domingos da Encarnação Pontevel, em 1793. Repercutiam mal esses confrontos "a ponto que não houve quem quisesse vir para Bispo, não obstante os esforços empregados pela rainha [Maria I]" – VASCONCELOS, neste livro, p. 112-113.

[41] VASCONCELOS, neste livro, p. 104-106.

[42] VASCONCELOS, neste livro, p. 119. Por seu turno, as lideranças católicas portuguesas, entre o fim do século XIX e início do século seguinte, contra-atacavam o laicismo liberal, cujo "movimento" (nascido em Coimbra) propunha "o revigoramento de uma frente liberal ampla, programaticamente baseada na defesa das leis secularizadoras de Pombal e do liberalismo, condição que consideravam fundamental para que não voltassem a perigar os alicerces do sistema representativo". Nessa luta, em Portugal, o movimento do anticlericalismo liberal pretendeu atrair as posições diversas do quadro partidário, inclusive os monarquistas (cf. CATROGA, Fernando. O laicismo e a questão religiosa em Portugal (1865-1911). *Análise Social*, Lisboa, v. 24, n. 100, 1988, p. 212-214). Contudo, é certo que os liberais radicais e os republicanos brasileiros não poderiam fundar os seus argumentos históricos no legado pombalino.

[43] VASCONCELOS, neste livro, p. 123. Durante os anos da Sé vacante ainda, após a morte de Dom Frei Manuel, deu-se a decadência completa do que fora fecundo no seu episcopado (p. 113).

"os longos intervalos durante as vacâncias da Sé vinham infelizmente interromper o esforço dos bispos e alargar o caminho da perdição".[44]

Para Diogo, que reproduziu a memória constituída no episcopado de Dom Silvério, Dom Viçoso, o "bispo missionário", "foi sem contestação o mais profícuo e bem-sucedido civilizador de Minas". O bispo foi eficaz na sua missão – "a profunda e larga regeneração de costumes com que contribuiu para o progresso moral da diocese" –, onde outros falharam, porque soube ser sensível ao contexto social e político, no Império, e usar de "bom senso".[45]

As ações de governo pastoral de Dom Viçoso foram indicadas pelo historiador. O bispo buscou primeiramente "regenerar o clero, mas criando e educando um novo". Para isso, ele procurou restabelecer decisivamente o papel educacional da Igreja, na província mineira, por meio da Congregação da Missão. Assim, o bispo constituiu o colégio do Caraça e, apoiando-se na direção lazarista, revitalizou o seminário da diocese, que ainda incluía o "curso de humanidades" do nível colegial, cujo programa de ensino integrou as ciências naturais. Ainda, por meio das cartas e das visitas pastorais, Dom Viçoso buscou vigiar e corrigir os tradicionais abusos dos pastores – costumes relaxados, ativismo político, interesses nos benefícios eclesiásticos –, e as condutas das suas ovelhas, sob a influência da reforma das práticas litúrgicas e da doutrinação.[46]

Dom Viçoso, que foi atento à constante assistência aos órfãos e aos doentes pobres, assim como outros bispos no passado da diocese, promoveu a criação de instituições caritativas. Com esse propósito, e o da educação feminina, ele introduziu as freiras vicentinas francesas, que fundaram o colégio da Providência. Diogo testemunhou: "O Instituto das Irmãs, que é hoje um conjunto de vários ramos de educação e de obras pias, o maior de Minas, contém a Escola Normal, o colégio, asilos e fábricas de varias indústrias próprias, para o ensino de mulheres, e mais um grande hospital moderno".[47]

Considerando as mudanças na cultura religiosa em meados do século XIX, Diogo observou que as freiras estimularam as novas práticas do culto e a ornamentação do templo (justificadas como a "regeneração

---

[44] VASCONCELOS, neste livro, p. 123.

[45] VASCONCELOS, neste livro, p. 134.

[46] Cf. VASCONCELOS, neste livro, p. 124, 128-129, 135.

[47] VASCONCELOS, neste livro, p. 133.

da arte de venerar"), efeito de uma mudança na catequese cristã. Ele atestou que a capela das irmãs tornou-se um modelo de ornamentação litúrgica, aproximando-se, digamos, de uma domesticidade burguesa, com flores artificiais, toalhas bordadas, música, imagens. Diogo concluiu que os ritos ficaram mais femininos e encantadores, desde que as alunas do colégio "popularizaram sobretudo as festas consagradas à Virgem". A liturgia dos antepassados, sinal de uma sensibilidade religiosa, fora diferente: "Nossos antigos faziam consistir o esplendor do culto em banquetas de prata, em damascos ricos, em suntuosas alfaias, placas de ouro, pondo em contribuição tudo, menos a natureza", porque "Deus para eles era um potentado assírio" ou um "faraó, que só em tronos de ouro, em tapeçarias" e no luxo "se comprazia de ser adorado", enquanto que "Nas igrejas pobres o culto era uma tristeza".[48]

Afinal, essa mudança cultural resultou da civilização da população, agora que o bispo, acatando e estimulando as mudanças do quadro litúrgico, "concorreu para despertar no povo a ideia do belo como essencial à contemplação divina". Para Diogo, portanto, Dom Viçoso ainda soube restaurar no cristianismo mineiro, sem que se esquecesse da fundamental evangelização, a necessária face festiva e artística.[49] Margeando o enredo dessa fase da história do bispado, porém, apontou-se o propósito de suposta depuração litúrgica e doutrinária, relacionada à oposição sistemática aos ritos negros, com seus batuques e danças, e às festividades populares da herança luso-brasileira.[50]

Ainda que o historiador fosse bastante favorável às ações do bispo, ele também quis observar o seu governo à luz da História, visando "alargar e julgar sobre margens do quadro biográfico". Com essa perspectiva, Diogo criticou a concessão episcopal da direção do seminário, com "cláusula *in perpetuo*", aos clérigos europeus da Congregação da Missão de São Vicente de Paulo. Na realidade, ele indiciou, com bastante cautela, o confronto político-ideológico de dimensão atlântica, na segunda metade do século XIX, sobre o papel das ordens católicas nas sociedades nacionais,

---

[48] VASCONCELOS, neste livro, p. 134-135.

[49] VASCONCELOS, neste livro, p. 134.

[50] Apesar de julgar imprópria a mistura entre o sagrado e o profano nessas festividades religiosas, Diogo buscou compreendê-las a partir da situação sociocultural e política da época colonial (VASCONCELOS, neste livro, p. 72-74).

especialmente daquelas que exercessem a estratégica atividade educacional, como a congregação dos lazaristas.[51] No Brasil, tal embate ainda envolveu a pedagogia missionária (a catequese e a educação cívica) nos espaços fronteiriços ocupados pelas populações indígenas.

Valendo-se da discussão do cabido – agora um colegiado disposto a aprovar as disposições do bispo – e do protesto decidido do arcediago,[52] o historiador observou, cauteloso: "felizmente e por enquanto bem-sucedida a reforma de Dom Viçoso, nem assim se debilita o voto divergente do cabido, sendo das muitas vezes que em um só parecer fica a verdade nos corpos coletivos". Como em um arrazoado jurídico, ele conferiu, defendendo o fortalecimento do poder episcopal das primeiras décadas do século XX: em primeiro lugar, não menos do que os indivíduos que dirigiram o seminário, as "congregações" não estavam "livres de corrupção" e o bispo não podia obrigar-se a uma perpetuidade que se opunha a sua autoridade, já dependente da seleção promovida por dirigentes da Congregação da Missão, na sede em Paris, e do envio de reitores "inteiramente desconhecidos, sob a especiosa restrição de um beneplácito [do bispo], que nem ao menos é clara". Outro argumento frágil, que se aventou na discussão do cabido, foi o de que o Seminário havia decaído por falta ou escassez de recursos. A essa constatação, Diogo retrucou com

---

[51] Em Portugal, onde as Ordens religiosas estiveram legalmente proscritas na época, os liberais pretenderam manter viva oposição à entrada das congregações, entre elas, notadamente, a dos lazaristas: "E faziam-no por motivos nacionalistas – aquelas eram estrangeiras e exteriores à autoridade da igreja nacional –, por razões filosóficas – os votos perpétuos colidiam com os direitos fundamentais do homem – e por motivos culturais e políticos: a influência sobre os estabelecimentos de ensino e sobre as consciências iria adulterar a educação, impedir a privaticidade da família (devido à forte atração feminina pela religião) e atuar como um grupo de pressão que só serviria os interesses dos setores mais reacionários" (CATROGA, *op. cit.*, p. 213-214).

[52] O arcediago, embora respeitasse a decisão da maioria dos cônegos, assinou bastante contrariado: "Protesto contra a decisão supra do cabido, por me achar convencido de haver prejuízo nos direitos de terceiro para o futuro". Certamente para evitar polêmicas no âmbito da Igreja, Diogo não esclareceu no livro o significado preciso dessas palavras (cf. VASCONCELOS, neste livro, p. 130. Diogo ainda acusou discretamente os lazaristas de corporativismo, pois estes somente aceitavam, nos seus colégios (ensino aos leigos), professores que fossem padres congregados (p. 140-141). Sob o governo episcopal de Dom Antônio Maria Correia de Sá e Benevides (1877-1896), descendente de família nobre de conquistadores lusos, houve a intervenção, com reforma pedagógica, da direção lazarista do colégio do seminário (p. 144).

ironia, sugerindo que as dificuldades financeiras persistiram, mesmo quando os lazaristas, com fama de gestores eficientes, entraram em cena: "os reitores, ainda que reconhecidamente dedicados e virtuosos, como se sabe, não tiveram poder para feitio de milagres".[53]

Diogo nasceu pouco antes da posse do padre lazarista, que se deu em 1844, e conheceu, evidentemente, Dom Viçoso e os seus sucessores. Assim, pôde testemunhar, como membro da elite católica mineira, a trajetória do professor, cônego capitular, bispo coadjutor, bispo titular de Mariana, a partir de 1897, e arcebispo, desde 1907, Dom Silvério Gomes Pimenta, de quem era amigo. O episcopado de Dom Silvério representou, para o historiador, a consolidação da regeneração diocesana e das diretrizes definidas por Dom Viçoso. Significativamente, ele salientou que Silvério nasceu de família pobre em Congonhas do Campo, mas, sendo talentoso, foi educado e tornou-se padre, oriundo do seminário lazarista da diocese, mantendo-se sob a guarda de Dom Viçoso, "filho de suas virtudes, herdeiro de sua alma".[54]

Diogo não explicitou no livro a ascendência africana do arcebispo, mas tal fato parece surgir nas entrelinhas quando manteve dura crítica à escravidão, justificando, devido à violência da instituição, os costumes e as expressões religiosas supostamente pouco civilizadas dos cativos.[55]

A atenção ao gênio mestiço das artes – o Aleijadinho –, no entanto, indicou que o historiador, assim como outros intelectuais brasileiros do início do século XX, não se ajustou às teses evolucionistas ou científicas que previram a degeneração racial e social, devido à mestiçagem, nas sociedades de passado escravocrata. O texto de Diogo, embora permanecesse no limiar do debate racial, não deixou de apreender os "diagnósticos" positivos que viabilizariam a nação.[56] Portanto, não é à toa que o

---

[53] VASCONCELOS, neste livro, p. 132.

[54] VASCONCELOS, neste livro, p. 136-142.

[55] No entanto, parecendo supor que o espaço público de exercício da cidadania dependia da força policial, do incentivo ao trabalho livre e da persuasão clerical, um Diogo bem mais jovem, na Assembleia Geral do Império, criticou a lei do ventre livre e defendeu o adiamento da legislação tendente ao fim da escravidão: "enfim [deve-se antes] restaurar as forças morais e materiais do país, para que ele possa receber sem risco tão grande golpe". Mas ele não admitiu a acusação de "escravocrata", pois "já tinha perante Deus tomado o compromisso de não consentir que em minha casa alguém abrisse os olhos na escravidão" (*apud* MATOS, *op. cit.*, p. 190).

[56] A integração do conceito de raça às discussões sobre o Estado e a cidadania atingiram as reflexões do historiador. Ele deparou-se evidentemente com as apropriações das teorias

historiador valorizou, mais do que a ideia tradicional de *restauração*, a *regeneração* – referindo-se à sociedade e à renovação das suas práticas civis e religiosas –, palavra que utilizou, assim como o verbo *regenerar*, ao longo do seu livro.[57] O leitor, assim, poderia estabelecer uma analogia legítima: o outro mestiço de gênio arrematou a "obra regeneradora da diocese". Com efeito, para Diogo, os bispos, especialmente os mais famosos já referidos, foram os verdadeiros "artistas" construtores de "monumentos" (literários inclusive), seguindo o princípio, bem assentado entre os intelectuais católicos, de que "toda a glória de um artista assenta em criar de matéria tosca as figuras divinas do pensamento a que serve".[58]

Finalmente, no livro sobre a o *Bispado de Mariana*, observa-se que o simbolismo monumental do sagrado – quadros, esculturas, arquitetura religiosos –, constituído pela experiência paroquial e aperfeiçoado pelo agenciamento da diocese, guardou as verdades do patrimônio coletivo da fé. Por isso, o autor destacou nesses objetos ou construções não o seu caráter, digamos, material, isto é, a sua suposta qualidade artística ou o seu valor econômico, mas sim a sua significação histórico-religiosa de guardiões da república ou da sociedade cristãs. Ele ficou indignado com a avaliação monetária das esculturas das devoções do Seminário de Nossa Senhora da Boa Morte (Mariana) em inventário do início do século XIX: "Santo Inácio, São Bento, São Bernardo, os crucifixos, a Virgem da Boa Morte, a Senhora das Dores, e esta com as suas roupas e adornos; nenhuma escapou a tanta profanação", pois, por direito civil e canônico, "as coisas religiosas, as imagens sagradas estão fora do comércio; e não têm valor. E, com efeito, imagine-se a venerável figura da Mater

---

raciais europeias, preconizadas pela elite intelectual brasileira (nas escolas de direito e de medicina, nos museus etnográficos e nos institutos históricos), conforme "um modelo que incorporou o que serviu e esqueceu o que não se ajustava. Ou melhor dizendo, procurou nessas teorias justificativas para expulsar *a parte gangrenada* da população, sem deixar de garantir que o futuro seria *branco e ocidental*" (SCHWARCZ, Lilia Moritz. Espetáculo da miscigenação. *Estudos Avançados*, São Paulo, v. 8, n. 20, jan./abr. 1994, p. 147).

[57] Regeneração, "segundo nascimento", e regenerar, "tornar a gerar", tiveram uso figurado, relacionado à transformação sacramental, significando a "mudança de estado" daquele que se batizou e a ação de "fazer um homem novo" (SILVA, Antônio de Morais. *Dicionário da língua portuguesa, recompilado dos vocabulários impressos até agora, e nesta segunda edição novamente emendado e muito acrescentado*. Lisboa: Tipografia Lacerdina, 1813, p. 583).

[58] VASCONCELOS, neste livro, p. 123.

dolorosa, que todos os anos percorria a cidade, na comemoração dos Passos, valendo 40$000 [réis] aos olhos dos seus devotos comovidos e prosternados!". Para o autor, assim como para os fiéis, as imagens deviam ser mais significativas e valiosas do que os objetos de prata, já em parte dilapidados, em Mariana, pelo roubo na capela do seminário e na igreja de Nossa Senhora do Rosário.[59]

Conferindo que a configuração urbana de Mariana foi o fruto dessa missão monumental do catolicismo, o autor ainda a recuperou nas "notas" reunidas ao *Bispado de Mariana*. Assim, ele descreveu determinados edifícios expressivos da história diocesana (com investigação heterogênea sobre os monumentos), como a catedral da Sé, duas matrizes representativas dos costumes apurados (sobretudo com a inovação do gosto artístico), capelas e edificações de ordens religiosas ou de tradicionais irmandades e o palácio governamental mais antigo da capitania de Minas, que se tornou a primeira residência episcopal da cidade-sede. Compondo os lugares da experiência religiosa e civil, os ritos dos fiéis serviam à gestação ou à consolidação da malha urbana, principalmente na cidade traçada para ser a sede episcopal, Mariana. Com essa perspectiva, Diogo referiu-se aos ofícios públicos que sacralizaram o espaço urbano das Minas, transformando as vilas dos negócios do ouro em padrões de pedra da cristandade, como as procissões solenes de traslado (Triunfo Eucarístico) e de entrada (Áureo Trono Episcopal) e até mesmo aquelas previstas no calendário litúrgico.[60] Enganou-se, portanto, o governador Gomes Freire quando asseverou, em 1745, a decadência da Vila do Carmo: "As admiráveis obras monumentais que recomendam a cidade

---

[59] VASCONCELOS, neste livro, p. 127.

[60] É interessante assinalar que essa cultura religiosa surgiu na fala dos moradores do morro da capela de Santana do Gogô, em Mariana, situada no lugar do antigo arraial de mineiros e faiscadores. Mobilizando uma memória coletiva, os informantes revelaram as práticas comunitárias religiosas ligadas a essa igreja, que fora demolida e, juntamente com peças do culto, transferida para a sede da empresa construtora Mendes Júnior, em Belo Horizonte. As peças da velha edificação foram doadas à empresa pela Arquidiocese de Mariana. No acervo inventariado constou: retábulo da capela-mor, mesa de altar, arco cruzeiro, forros da capela-mor e da nave, cartela em pedra-sabão com registros sobre a história da construção, pinturas, esculturas, lustres, bancos de madeira, além de outros objetos. No entanto, reagindo à espoliação, os fiéis salientaram que se reuniam no local para as missas, festas devocionais, novenas, coroações de Maria e procissões (cf. SANTOS, Patrícia Ferreira dos. Devoção a Sant'Ana e educação patrimonial: desafios da preservação cultural em Mariana, Minas Gerais. *Fronteiras: Revista Catarinense de História*, Florianópolis, n. 17, 2009, p. 211-226).

foram encetadas em 1760; mas as ruas já estavam cheias de suas casas" em 1759, "pois nelas passou [...] a procissão do Carmo [traslado das imagens para a nova capela da Ordem Terceira]. Consequentemente, para em tão breve tempo se completarem tais obras, seria preciso o emprego de cabedais avultados e o concurso de pessoal inteligente".[61]

Deve ter causado uma viva impressão entre a elite católica, daí também essa ênfase na conservação das edificações consagradas ou do solo santificado – com as tumbas dos personagens heroicos do passado –, a destruição do histórico morro do Castelo no início da década de 1920, por determinação do governo republicano, pretendendo-se uma modernização urbana da capital, Rio de Janeiro. Houve debate na imprensa sobre o projeto do desmonte. Os discursos contrários distinguiam-se: um, predominante, apontava a perda do patrimônio religioso ou paisagístico e o outro tocava no agravamento da crise habitacional (com a expulsão de muitos moradores pobres e trabalhadores informais). Pareciam chocantes as imagens da igreja de São Sebastião, no convento dos Capuchinhos, que fora a catedral da cidade até meados do século XVIII (a Sé que tivera jurisdição sobre o território das Minas antes da posse de Dom Manuel da Cruz), muito arruinada e desabando junto com o morro arrasado.[62] Enquanto isso, no estado de Minas Gerais, o governo episcopal marianense e lideranças católicas se opuseram, a princípio, à demolição prevista da matriz de Nossa Senhora da Boa Viagem (cujo adro abrigava o cemitério), na paróquia do Curral del Rei, conforme o plano da Comissão Construtora da Nova Capital neste lugar. No entanto, no início do século XX, desde que se iniciara a construção do novo templo no mesmo local, em estilo neogótico – pretensamente mais compatível com os usos europeus da época –, o templo tradicional foi gradualmente abandonado e, por fim, totalmente demolido (início da década de 1930).[63]

---

[61] Cf. VASCONCELOS, neste livro, p. 57-58.

[62] O morro do Castelo era parte do núcleo político, religioso e econômico da cidade no período imperial (cf. PAIXÃO, Cláudia Míriam Quelhas. *O Rio de Janeiro e o morro do Castelo: populares, estratégias de vida e hierarquias sociais (1904-1922)*. Dissertação (Mestrado em História) – Departamento de História, UFF, Niterói, 2008, p. 30-34 *passim*).

[63] Em 1928, noticiou-se a decisão de demolição total da antiga igreja de Nossa Senhora da Boa Viagem, em Belo Horizonte - Arquivo Público Mineiro, Plataforma Hélio Gravatá, [Jornal] Gazeta de Notícias, 11 de março de 1928. Os membros da Comissão Construtora da Nova Capital de Minas Gerais consideraram o templo "sem elegância nenhuma no exterior, acaçapada e tosca no sistema de sua arquitetura, toda portuguesa no pesado das

Diogo concluiu o seu livro com o episcopado de Dom Silvério, cujo significado ele pretendeu testemunhar. O arcebispo encarnou, na sua interpretação, a lógica transparente da história do bispado. As linhas traçadas no governo dos bispos pastores – quando fundou, reformou e regenerou – inscreveram-se numa espiral do tempo da pátria cristã – fundamentalmente, um espaço articulado pela crença, núcleo da civilização. Por outro lado, depois de lembrar os conflitos entre o cabido e o bispo Frei Domingos Pontevel, Diogo observou que "A morte, segundo a Escritura, é a última linha das coisas". [64] Mas, ainda que findasse o tempo humano e propriamente linear da história do episcopado tumultuoso, a providência de Deus foi uma constante, curvando o processo numa espiral de aperfeiçoamento das virtudes da sociedade. Valeu para ele, nesse sentido, o exagero laudatório do final do livro:

> Pátria minha, levanta o teu coração! Exulta em tua gloria incomparável! Em ti se instalou a primeira terra livre, o *ager sacrum*, berço de cidadãos em todo o âmbito das Minas. [...] E tu, majestosa Sé! Humilde capelinha da Conceição! [...] Tu que apareceste sempre nas voltas de meu caminho, branca nuvem destacada do azul do firmamento! [...] [Os antigos bispos] Não morreram ainda. Eles vivem, eles governam, eles apascentam, na pessoa do nosso amado arcebispo, nesse varão predestinado que o batismo chama Silvério, [...] e a história chamará, sem descanso, em páginas eternas, o luzeiro do catolicismo, a glória do Brasil na cristandade.[65]

---

proporções e incorreções das linhas [...] monumento de mau gosto". Mas, para o pároco, era "uma sólida matriz, que admira a todos os visitantes" e que ainda podia "competir com qualquer Matriz de muitas cidades populosas e adiantadas" (*apud* SIMÃO, Fábio Luiz Rigueira. *Os homens da ordem e a ordem dos homens: ordenamento urbano e policiamento em Belo Horizonte*. Dissertação (Mestrado em História) – Departamento de História, UFJF, Juiz de Fora, 2008. p. 40 – atualizamos a ortografia). Cf. ALMEIDA, Marcelina das Graças de. *Morte, cultura, memória – múltiplas interseções: uma interpretação acerca dos cemitérios oitocentistas situados nas cidades do Porto e Belo Horizonte*. Tese (Doutorado em História). FAFICH/UFMG, Belo Horizonte, 2007, p. 141-147.

[64] VASCONCELOS, neste livro, p. 112.

[65] VASCONCELOS, neste livro, p. 143.

Diogo de Vasconcelos

História da Civilização Mineira

BISPADO DE MARIANA

Ilmo. Sr. Doutor Mário Casasanta[1]

O nome do amigo não podia ser omitido neste livro, pois devo-lhe a atenciosa e solícita intervenção, junto ao inolvidável presidente Olegário Maciel, a fim de que se imprimissem as obras de meu pai, nas oficinas da Imprensa Oficial. Tenho que devo agradecer, e faço sinceramente, a bondade e a gentileza que se dignou dispensar a essa causa.

Creia o amigo na minha justa admiração a seu espírito cintilante.

Sempre grato amigo,

Roberto de Vasconcelos

Agradecimento

Quero que se perpetuem nas páginas deste livro os meus agradecimentos sinceros àqueles que concorreram para que ele se publicasse.

Ao formoso espírito do Doutor Mário Matos,[2] a quem me ligam a grande admiração que por ele tenho e laços de indestrutível afeto; aos chefes de serviço de obras, aos auxiliares, aos operários, que tão solícita e generosamente trabalharam nesta impressão, alguns deles meus bons amigos dos saudosos tempos em que trabalhei nesta Imprensa, a minha inapagável gratidão.

Roberto de Vasconcelos

---

[1] O advogado e professor mineiro Mário Casasanta (1898-1963) foi inspetor-geral da Instrução Pública, diretor do Departamento de Educação do então Distrito Federal, reitor da Universidade Federal de Minas Gerais e, por duas vezes, diretor da Imprensa Oficial do estado. Fez parte da Academia Mineira de Letras. (N. Coord.)

[2] O jornalista mineiro Mário Mattos (1899-1966) escreveu, entre prefácios, artigos e volumes sobre literatura brasileira, *O último bandeirante*, em 1935. Em 1928, assumiu na Academia Mineira de Letras a cadeira de número 16, pertencente a Diogo de Vasconcelos, e tornou-se seu presidente de 1935 a 1938. Foi diretor da Imprensa Oficial de Minas Gerais. (N. Coord.)

Capítulo primeiro

I. O padroado

Para termos a ideia menos confusa das relações entre a Igreja e o Estado, hoje que as instituições políticas diferem, convém examinar como a Igreja se governava, deixando ver a cada momento a intervenção do rei em coisas que pareciam envolver até mesmo a independência episcopal. A primeira questão nesse sentido a ventilar-se é a do padroado e a sua ocorrência nas terras descobertas ou conquistadas pelos portugueses.

Sabemos que a Coroa de Portugal não dispunha de meios e serviu-se da Ordem de Cristo, que era rica, parar custear as armadas e expedições militares fora do continente. O Infante Dom Henrique, Grão Mestre da Ordem, e principal ator dos descobrimentos, deu às suas expedições o caráter de propagação da fé e tomou a si o encargo das despesas, visto ser obrigação da Ordem empregar suas rendas em tais empreendimentos e fins religiosos. Em compensação, porém, ajustou o Infante com a Coroa que ficassem pertencendo ao senhorio da Ordem as terras descobertas, e a seu padroado as igrejas que nessas terras se erigissem, assim como as demais, em quaisquer outros países que fossem submetidos à soberania do Reino, embora antigos e povoados por infiéis.

Por morte do Infante (1460) e visto que a Ordem adquiriu por esse convênio importância excessiva, capaz de contrastar à da Coroa, Dom João II obteve do papa a união pessoal e perpétua do Grão Mestrado, conservando-se, porém, a Ordem em suas mesmas condições, como anteriormente. Eis a razão por que, à primeira vista parecendo ser do rei, não era senão do Grão Mestre a intervenção nas coisas eclesiásticas; porque, além de governador e administrador perpétuo da Ordem, era ele seu ordinário e prelado regular.

Como se sabe, quem dava o terreno, edificava e dotava uma igreja adquiria o direito do padroeiro (*Patronum faciunt dos, edificatio, fundus*[3]), e tal direito consistia em apresentar os clérigos ao benefício, em preceder nas solenidades, em defender a igreja e, no caso de indigência, em receber alimentos (*alatur egenus*[4]).

O Brasil, descoberto a expensas da Ordem,[5] foi repartido por Dom João III em donatarias; mas, no exercício desse ato de soberano, o rei não se esqueceu de ressalvar nos forais a senhoriagem da mesma Ordem. Consequentemente, as paróquias e os bispados aqui se erigiram por conta do padroado, e o rei, muito legitimamente, entrava na instituição e na organização do governo eclesiástico. Além disso, e consoante o regime político, os bispos, por seu lado, intervinham em matérias temporais e civis; e nesse sentido eram subordinados ao rei, como chefe soberano do reino, havendo recursos de seus atos ao Juízo da Coroa.

Não se deve, pois, confundir essa ordem de coisas com a degeneração do regalismo, que tentou introduzir-se no regime imperial e tanto se esforçou por vencer na Regência do Padre Feijó quanto se impôs no Segundo Reinado, sob as falsas doutrinas cesaristas aventadas pela Reforma protestante.

Macaulay, insuspeito, resume em dois traços de sua incomparável obra *Ensaios filosóficos e políticos*[6] o advento do protestantismo, dizendo: "A nova teologia espalhou-se com rapidez nunca vista. Puseram-se ao lado dos soberanos impacientes por se apropriarem das prerrogativas do papa nobres desejosos de tomar parte na pilhagem das abadias".

Os protestantes, a efeito de abaterem o poder espiritual do papa, fizeram renascer a teoria dos imperadores que se diziam divinos e aplicaram em pleno cristianismo a teocracia dos califas. É assim que a doutrina católica, explicando a célebre máxima de São Paulo, ensinava que o poder dos príncipes provinha de Deus, mas mediante a sociedade, que, não podendo

---

[3] Em português: "Constituem patronato o dote, a edificação e a propriedade". (N. Coord.)

[4] Em português: "carente de alimento". (N. Coord.)

[5] A bandeira de Cristo, que vinha hasteada nas frotas, desfraldou-se na primeira missa do lado do Evangelho, para simbolizar o senhorio da Ordem; e só depois, em terra firme, na base da cruz, se fixou o padrão das armas reais, significando a soberania do rei. (N. Coord.)

[6] MACAULAY, Thomas, BABINGTON, Thomas (1800-1859). *Essais politiques et philosophiques*. Traduits par M. Guillaume Guizot. Paris: M. Lévy frères, 1862. (N. Coord.)

subsistir sem o poder público, o transmitia aos governantes; ao passo que Lutero, para captar forçados príncipes, ensinou que tinham emanado o poder diretamente da vontade divina. Eis como se concebeu o regalismo. Príncipes católicos, aquiescendo à tentadora doutrina, fizeram-se absolutos e julgaram-se pontífices, querendo confundir na soberania das almas, segundo a nova tese luterana, *cujus regio, eius religio*,[7] e dessa audaciosa pretensão rebentaram os conflitos entre os dois poderes.

Em Portugal, o ensino regalista no infeliz reinado de José I foi mais um luxo de imitação da corte de Luiz XV que outra coisa; e nem mesmo podia aqui o regalismo, salvo por desafio, aspirar, na prática, a mais do que tinha, atento ao regime tradicional, que dava entrada ao rei em tudo que não fosse de propriamente espiritual. Para maior avanço no terreno, seria preciso recorrer à cartilha de Henrique VIII, e nesta não cairia o rei, estando em seu juízo perfeito.

Além do exposto, referente à intervenção em coisas da Igreja, convém lembrar que os bispos também, por seu lado, intervinham em matérias do Estado; exerciam jurisdições e praticavam atos meramente temporais ou mistos. Ou, nesse caso, eram subordinados virtualmente ao soberano, como chefe supremo da hierarquia administrativa e judiciária do Reino. Essa era, portanto, a origem e a razão dos recursos que se interpunham para o Juízo da Coroa.

Os benefícios eclesiásticos, tendo sido criados para proporcionarem aos ministros sagrados modesta e decorosa subsistência, referem-se à vida econômica da mesma Igreja; e essa vida, que se dirá material, indispensável ao corpo visível, descansava no produto dos dízimos e das oblações. Quer os dízimos, quer estas, convertidas em emolumentos taxativos, muitos entendem que são de direito divino; mas nunca foram, nem ser podiam. O culto, mesmo no Velho Testamento, verificava-se, sustentava-se por espontâneas oferendas. Só depois de Moisés, com efeito, promulgou-se, por lei obrigatória, o pagamento dos dízimos, como justa compensação aos levitas consagrados ao serviço da religião; e nada foi mais justo. Porque, se de fato a terra foi dividida e partilhada com as outras tribos, menos com a de Levi,[8] a qual não se devia ocupar senão em coisas divinas, tendo, aliás,

---

[7] Em português: "A cada região, sua religião". (N. Coord.)

[8] No Antigo Testamento diversos textos fazem menção ao ofício sacerdotal e levítico do povo hebreu para exercer e praticar a adoração a Jeová. Os levitas, da tribo de Levi, eram os escolhidos para ministrar as cerimônias sagradas. (N. Coord.)

concorrido com igual esforço para a conquista, devia de ser, como bem se decretou, sustentada pelas irmãs. O Evangelho, porém, modificou tal sistema e ordenou que seus ministros fossem, como operários, vivendo cada um *mercede sua*. Esse preceito está de acordo com a separação do reino espiritual, nitidamente expressa na sentença proferida por ocasião de pagar-se o tributo com a moeda de César.[9]

Se assim é, nenhuma dúvida resta de que o Evangelho tirou aos dízimos o caráter de imposto, e nem podia promulgá-los, porque, tendo separados os dois poderes, segundo convinha à sua divulgação por todos os países, quisessem ou não quisessem os governos, a Igreja não podia nem devia contar com a força temporal para arrecadá-los.[10]

A Igreja, portanto, nos primeiros séculos, viveu de donativos e de esmolas, sem pensar em taxas obrigatórias, muito menos em dízimos, até mesmo porque o seu proselitismo começou a desenvolver-se por classes humildes e pobres. A generosidade dos fiéis, porém, tão logo a propaganda atingiu os ricos, foi copiosa, a ponto de, em meados do terceiro século, as igrejas, sobretudo a de Roma, já terem tesoureiros para guardarem as coisas preciosas, como bem no-lo recorda a notícia de São Lourenço, que foi martirizado por não entregar os bens e valores confiados a sua guarda.[11]

---

[9] A expressão, atribuída a Jesus nos evangelhos sinóticos, "Dai, a César o que é de César e a Deus o que é de Deus" é também citada por Lucas (20:20-26), Mateus (22:15-22) e Marcos (12:13-17). Originalmente, essa sentença se aplicava à questão sobre a licitude de um judeu pagar impostos a César, revelando a relação conflituosa entre o cristianismo e a autoridade secular. (N.A.)

[10] O arcebispo de Mariana, Oscar de Oliveira, assinalou esse preceito cristão do direito eclesiástico: "no Direito Evangélico [Novo Testamento bíblico] não foram prescritos formalmente os dízimos. Aos cristãos ordena a Nova Lei [ou Lei da Graça] que contribuam com seus haveres para a honesta sustentação dos ministros da Igreja. Tanto é assim que, nos primeiros tempos do cristianismo, viviam os Clérigos das espontâneas ofertas dos fiéis; não havia nenhuma lei prescrevendo a solução dos dízimos" (OLIVEIRA, Dom Oscar de. *Os dízimos eclesiásticos do Brasil: nos períodos da Colônia e do Império*. Belo Horizonte: Universidade de Minas Gerais, 1964, p. 16-17). (N. Coord.)

[11] O Imperador Valeriano, apertado por dinheiro, ordenou a confiscação dos objetos preciosos pertencentes à Igreja. Em consequência, o Prefeito Cornélio Seculares mandou intimar São Lourenço, arquidiácono da Igreja romana, a lhos entregar. O santo, porém, prevenido, os havia distribuído aos pobres, dizendo serem os verdadeiros donos. Preso, foi queimado numa grelha a 10 de agosto de 258, três dias depois do martírio do Papa Sisto II. (N.A.)

Constantino, tendo promulgado o famoso Édito de Milão no ano de 313, completou a liberdade da Igreja por uma lei de 321, reconhecendo-lhe a capacidade civil para possuir imóveis, ainda que os adquirisse por instituição testamentária, haveres e juntas prediais.

Carlos Martel, nesse caso, vendo-se obrigado a recompensar seus nobres companheiros de armas, assentou de espoliar o clero de tantas riquezas e reparti-las com eles, deixando a Igreja novamente à mercê dos fiéis. A época, porém, das liberalidades havia passado; mesmo porque as populações, já submetidas à servidão feudal, viviam na miséria. No que tocava aos ricos, além de raros, a Igreja rica os havia desacostumado da generosidade, virtude que aliás nunca aos bárbaros caracterizou.

Por muito que Pepino, o Breve, quisesse, não pôde remediar esse mal, e Carlos Magno, seu filho, tampouco alcançou melhor efeito de seus desejos, sendo já impraticável a restituição dos bens. Sobretudo, o Papa Gregório III, conferindo a Carlos Martel os títulos de cônsul e de patrício romano, parece ter confirmado e aprovado aquela espoliação, como que legitimada em prêmio pela grande vitória de Poitiers (732), que salvou a cristandade e a Europa invadida pelos muçulmanos. É mesmo fora de dúvida que, não fossem aqueles nobres, sob a conduta de Carlos Martel, os bens eclesiásticos teriam caído em poder dos infiéis, e o serviço feito à Igreja por eles merecia a recompensa. Assim pelo menos terá pensado o papa, que se sentiu desafrontado da onda devastadora iminente sobre a própria Itália.

Entretanto, e como quer que fosse, o Imperador Carlos Magno, atendendo à miséria do clero e baseando-se no *Levítico*, assim como no exemplo voluntário de alguns povos, decretou em seus Capitulares[12] a imposição

---

[12] Diogo de Vasconcelos ampara-se numa história oitocentista do direito eclesiástico que remontava à interpretação de Montesquieu. Carlos Magno, soberano do Império Franco, teria sido o promotor do pagamento dos dízimos (Capitulares dos anos 779 e 801), impondo-o exemplarmente aos súditos dos próprios domínios (Capitular de *Villis*, de 800) (LOBÃO, Manuel de Almeida e Souza de. *Dissertações sobre os dízimos eclesiásticos e oblações pias*. Lisboa: Imprensa Nacional, 1867, p. 9-13, 16-17). Reformadores do Estado salientaram, a respeito dos dízimos devidos à Igreja, que a "[lei] civil [somente surgiu] no ano de 779, em que apareceram os Capitulares de Carlos Magno, que impõe a obrigação de pagar dízimos nos Capítulos 7 e 13" (entre outros, cf. Resposta do Excelentíssimo Visconde da Lourinhã ao Bispo de Elvas. *Jornal de Coimbra*, Lisboa, v. 8, n. 37, parte 2, 1815, p. 70). Esses Capitulares (escritura ordenada por capítulo) constituíram o corpo legislativo da monarquia carolíngia. (N. Coord.)

dos dízimos, dividindo o produto em três partes: uma para os bispos, outra à clerezia, e o restante às despesas e à conservação dos templos. O que mais recomenda, porém, a feliz memória do imperador é que, em seu testamento, legou a terça parte de sua imensa fortuna particular à Igreja, para ser dividida em quinhões iguais a vinte e duas metrópoles de seu vasto império, querendo com isso reparar o mal feito por seu avô, a quem, todavia, a história absolve, tendo em conta a grande vitória, pela qual foram salvas a Europa e a cristandade do poder dos muçulmanos, na memorável batalha de Poitiers (732). É mesmo possível que, com aquela espoliação da Igreja, tenha querido recompensar os seus companheiros de armas; e nem por outra forma teria merecido do Papa Gregório III ser agraciado com o título de patrício e cônsul, a coisa que mais lisonjeava os bárbaros naquela fase tormentosa, quando tinham por ideal o esplendor ainda sobrevivente do nome romano. E, com efeito, essas riquezas, caso os sarracenos vencessem, estariam perdidas, e o cristianismo suplantado: logo, bem fez o papa em legitimar a partilha e só considerar o incomparável serviço de Carlos Martel. Não convém também esquecer aqui o espírito da época dominada pelo materialismo das guerras; pois não se faziam senão com o fito em riquezas e a fim de se locupletarem os barões, sendo um grande engano entendermos que na batalha de Poitiers se pleiteou apenas a fé, quando em causa estava também a terra invadida e a terra reconquistada.

Constantino, tendo promulgado o famoso Édito de Milão (313), pelo qual estabeleceu a liberdade da Igreja, completou-a reconhecendo-lhe, por uma lei de 321, capacidade jurídica para possuir imóveis, ainda que fossem adquiridos por instituição testamentária. A confluência de bens provenientes de semelhantes liberalidades, porém, engrossou em tão pouco tempo, que, apesar de cristão, o Imperador Graciano, em 371, entendeu conveniente cercear a liberdade da Igreja no sentido de não receber de mulheres essa espécie de donativos,[13] proibição que Valentiniano II, seu irmão, em 390, estendeu às diaconisas, para que não pudessem fazer

---

[13] Graciano era cristão zeloso. A ele se deve a retirada da estátua da Vitória do Senado, ato impolítico e muito imponderado. A maioria dos senadores, e também parte ainda muito considerável de Roma, era pagã. Além disso, a estátua, simbolizando a glória militar do Império, os conservadores a estimavam, como figura das tradições. O resultado foi uma revolta sangrenta e um ódio implacável, pagando o Imperador com a vida a sua imprudência. Esse episódio está narrado admiravelmente por Boissier em *Fim do paganismo*. (N.A.) (BOISSIER, Gaston. *La fin du paganisme. Étude sur les dèrnieres luttes religieuses en Occident au quatrième siècle*. Paris: Librairie Hachette et Cie., 1891. v. 2, p. 300-303. [N.Coord.])

nem em vida nem *causa mortis* semelhantes doações. Foram leis, porém, que pouco duraram; pois nesse mesmo ano de 390 [sic], em dezembro, promulgou-se uma Novela, que restaurou a lei de Constantino.

II

Seguiram-se, como sabemos, os séculos calamitosos: a destruição do Império do Ocidente; a grande invasão e a turbulenta partilha das províncias, por onde se estabeleceram os Estados bárbaros, períodos esses em que a Igreja – elemento único supérstite da civilização, como poder também único organizado, intelectual e literário, que prevaleceu e naturalmente dominou – soube incorporar e dirigir o trabalho para cultivar e desenvolver seus patrimônios, tornando-se por isso proprietária de grandes haveres e fundos prediais.

III. Em Portugal

Como se definiram, os dízimos não se classificam de oblações, tampouco de salários. Quer na lei antiga, assim na lei nova, tiveram origem política e foram, verdadeiramente, impostos que só o poder temporal faria valer, coagindo a execução.

Nas Espanhas só muito mais tarde foram admitidos. No século de Carlos Magno a península achava-se em poder dos maometanos, e os dízimos não podiam, portanto, obter a sanção política. As igrejas, porém, não precisavam dessa fonte de rendas, como lhes sucedeu nos países do Império Carolíngio, em que se dera a espoliação do clero. Contra o que em geral se tem ensinado na história escrita pelos vencidos, os árabes procederam na Espanha, como nos demais países que invadiam, de modo o mais tolerante possível, deixando que os povos se governassem por suas próprias leis e na mais plena liberdade religiosa. Nas províncias anteriormente infestadas pelo arianismo, o Islã facilmente absorveu as populações; e os arianos convertidos, igualados à nação dominante, perseguiram os católicos por ódio velho e exterminaram quase por completo o nome cristão. O mesmo, porém, não sucedeu nas Espanhas, onde os conquistadores não depararam aquela heresia preparatória e tiveram de empregar o conselho do Profeta,[14] que mandava poupar os cristãos que

---

[14] Para o Alcorão, os profetas do Islã (Noé, Abraão, Moisés, Jesus e Maomé) são aqueles que receberam de Alá (Deus) a missão de orientar os humanos no caminho do monoteísmo e

se submetessem ao império político. E, pois, transigiram, conservando o estado civil e religioso, como o encontraram, do reinado dos Godos.

Salvo, pois, a soberania política e a percepção de impostos, estes suavizados e menos vexatórios que no tempo dos romanos, os árabes nada mais alteraram, e a Igreja continuou a gozar de seus bens, e até os bispos de seus senhorios, criada a situação conhecida dos moçárabes. Os invasores encontraram na unidade católica a bandeira da resistência, e nessa fusão de sentimentos caldeados pela mesma fé, congregando-se todas as classes e nivelando-se todas as raças, deram azo à formação do primeiro esboço das nacionalidades modernas. E mais ainda: a dominação dos árabes, além de outros benefícios tendentes à civilização, sustou o desenvolvimento do feudalismo, que assoberbou a Europa e trouxe não só a guerra geral, como também o desaparecimento das luzes e a profunda barbarização dos primeiros séculos medievais. É assim que os próprios dízimos carolíngios, zelosamente dedicados à livre sustentação do culto, se tornaram objeto de feudo em mitras, abadias e, não raro, em comendas até de leigos, deixando-se o clero, para quem foram instituídos, à mercê dos senhores e a título de esmolas ou benefícios.

Nenhum vestígio de dízimos se encontra nos primeiros tempos da monarquia portuguesa; e os primeiros que foram decretados assentaram-se nos forais de Penamacor, Proença e Salvaterra, promulgados por Sancho I em 1209,[15] com a condição de que a receita dessa imposição fosse repartida, como nos Capitulares de Carlos Magno, parte para os bispos, parte para os clérigos, e a terceira para as despesas do culto. Como bem se compreende, os dízimos, que se foram introduzindo nos forais, variaram à feição dos lugares, e só depois que no reino foram admitidas as Decretais

---

do bem. Considerado o último profeta, Maomé teria orientado com seus mandamentos a invasão muçulmana na Europa, no século VIII. (N.A.)

[15] Conforme o verbete "Terças pontificais", no *Elucidário*: "No Foral, que El Rei D. Sancho I deu a Penamacor no ano de 1209 (e também nos de Proença, *a velha*, e Salvaterra do *Extremo*) se mandam pagar os dízimos, e primícias a todas as igrejas, das quais o Bispo teria uma *terça parte*; os Clérigos, ou Párocos a outra terça; e a terceira ficaria aos respectivos paroquianos, ou fregueses para gastarem onde fosse necessário, e preciso, como ornamentos, livros, fábrica, *"segundo o parecer do Bispo, e seus Párocos"* (VITERBO, Frei Joaquim de Santa Rosa de. *Elucidário das palavras, termos e frases que em Portugal antigamente se usaram e que hoje regularmente se ignoram: obra indispensável para entender sem erro os documentos mais raros e preciosos que entre nós se conservam*. 2. ed. Lisboa: A. J. Fernandes Lopes, 1865, v. 2, p. 249). (N. Coord.)

Pontifícias,[16] entraram na legislação comum e uniformizaram-se, salvo sempre o efeito dos costumes.

A pior inovação dos dízimos, porém, experimentou-se na extensão que lhes deu Carlos Magno, e foi imitada nas Decretais. No Antigo Testamento, os dízimos cobravam-se apenas de certas espécies de frutas e rebanhos. Além disso, eram uma justa compensação aos Levitas por terem desistido de seu quinhão na partilha da terra para se consagrarem unicamente ao serviço do culto, essencial como base do regime teocrático, e órgão, portanto, primário da própria existência política do povo israelita.

Agora, que já nem sequer as mesmas razões políticas diretas havia, mandava-se cobrar a décima de toda casta de frutas e de animais, da própria caça e da pesca, senão ainda de salários vencidos. Imagine-se, pois, um povo que pagava rendas e foros senhoriais, julgadas, passados, sisas, primícias, pedágios, corveias, uma infinidade, em suma, de tributos e taxas, aos nobres, aos eclesiásticos e ao rei, e diga-se a escravidão em que vivia embrutecido e na miséria. Os dízimos, em consequência, tornaram-se odiosos e, pela resistência tenaz, acabaram por incobráveis; motivo por que os bispos convieram em cedê-los ao rei, que dispunha, para arrecadá-los, de meios coercivos; e o rei, por achar bom o negócio, tratou de cobrá-los para si, obrigando-se, todavia, a custear as despesas para que eram destinados. Além disso, obrigou-se a sancionar as tabelas de emolumentos, que os bispos organizassem, como salários de serviços prestados pelo clero. E foi sob esse regime que se estabeleceram e andaram nossas igrejas.

IV. Emolumentos

As dioceses no Brasil em geral se regiam pela Constituição da Bahia e observavam as tabelas vigentes do Arcebispado.[17] Em Minas, porém, no

---

[16] As Decretais são determinações pontifícias – Gregório IX – que fizeram parte do *corpus* tradicional das leis canônicas – *Corpus Iuris Canonici*. Esta normatização doutrinária e eclesiástica católica, como se sabe, foi uma das fontes da codificação do direito civil de Antigo Regime português (cf. ALMEIDA, Cândido Mendes de. Ao leitor. In: *Código Filipino ou Ordenações e Leis do Reino de Portugal recopiladas por mandado del Rei D. Felipe I*. 14. ed. Rio de Janeiro: Tipografia do Instituto Filomático, 1870. p. XXVI). (N. Coord.)

[17] CONSTITUIÇÕES Primeiras do Arcebispado da Bahia, feitas, e ordenadas pelo ilustríssimo, e reverendíssimo senhor D. Sebastião Monteiro da Vide [...]. Coimbra: Real Colégio das Artes da Companhia de Jesus, 1720. [1ª edição: 1719; 3ª edição: 1765]. Cf. FEITLER, Bruno; SOUZA, Evergton Sales. Estudo introdutório. In: VIDE, Sebastião Monteiro da [org.]. *Constituições Primeiras do Arcebispado da Bahia*. São Paulo: Edusp, 2010. p. 55-56. (N. Coord.)

período em que se fundaram as primeiras paróquias, tanta foi a riqueza quanto a carestia da vida; e por isso o bispo do Rio, Frei Francisco de São Jerônimo, promulgou uma tabela especial e de maneira provisória, que foi:

Sermão .... 20 oitavas de outro
Missa cantada .... 16 ditas
Enterros .... 4 ditas
Banhos .... 3 ditas
Batizados .... 1 dita
Conhecenças com comunhão .... 1 dita
Conhecenças sem comunhão .... meia oitava
Missa rezada .... 1 oitava

Esses emolumentos, já no tempo do Governador Dom Brás Baltasar da Silveira, consideraram-se excessivos; e por isso propôs ele ao rei modificá-los, exceto os sermões, nos seguintes:

Missa cantada .... 6 oitavas
Missa rezada .... meia oitava
Enterros .... 1 oitava
Para a fábrica .... 2 ditas
Conhecenças com comunhão .... 4 vinténs
Conhecenças sem comunhão .... 2 vinténs

Tal proposta, porém, não teve andamento, mas a câmara de Vila Rica, secundando a reclamação, obteve que o rei, por ordem de 16 de fevereiro de 1718, data em que instituiu as primeiras paróquias mineiras, concedesse aos vigários, também encomendados, a côngrua de duzentos mil réis. Ao Conde de Assumar, então no governo, avisou que havia recomendado que o bispo do Rio fizesse uma taxação moderada, em vista da côngrua concedida e de o preço dos mantimentos ter baixado, obrigando-se os párocos a praticarem pelas novas taxas e dando-lhe parte do que ocorresse. Essa ordem, porém, ficou em letra morta; pois, pela carta de 20 de janeiro de 1735, voltou Sua Majestade a ordenar que o governador de Minas convocasse uma junta, composta dos intendentes da comarca, do juiz do fisco, de Martinho de Mendonça e dos eclesiásticos deputados pelo bispo, sendo ouvidos por escrito os intendentes do Serro e os ouvidores, a fim de proporem a reforma, que fosse conveniente, dos emolumentos devidos aos oficiais, quer civis, quer eclesiásticos, inclusivamente aos párocos. Como nas demais vezes, foi essa ordem frustrada e caiu em olvido. O primeiro bispo de Mariana, Dom Manuel da Cruz, porém, vindo instalar a diocese, promulgou uma nova tabela, que foi, como se vê no capítulo 2º do *Regimento das festividades*, publicado em 5 de outubro de 1749, a seguinte:

Celebrante .... 4 oitavas
Diácono .... 2 oitavas
Subdiácono .... 2 oitavas
Sacristão .... 2 oitavas
À fábrica, 6 velas na banqueta e 2 nos altares laterais.
Ao Santíssimo Sacramento, 8 libras de cera.
Missa em ofício de finados .... 4 oitavas
Missa rezada .... 2 oitavas
Encomendação .... 3 quartas
De escravo enterrado dentro da igreja .... meia oitava
Batizados .... 1 oitava

Em 1718 os dízimos renderam 46:276$440; e em 1735, 104:852$298. Ora, as paróquias coladas (beneficiárias), em 1718, não foram mais de 8, e em 1735 eram 24, cujos párocos recebiam côngruas na importância de 9:600$000 réis. Mas, se nesse período Sua Majestade cobrava em média 80 contos de dízimos, alto negócio fez com a Igreja, ainda que pagando 200$000 aos vigários encomendados, cujo número era insignificante.

Convém, todavia, lembrar que o distrito da capitania de Minas pertencia ao bispado do Rio e que a receita dos dízimos, bem como as despesas do culto, vinham englobadas no orçamento geral da diocese, e, nesse caso, o saldo de uma parte cobria o déficit de outras. Mas, se atentarmos ao fato de que Minas se povoou e se enriqueceu à custa dos distritos do Rio e de São Paulo, não há muito para se queixar do emprego de suas rendas a bem da diocese. Ainda assim, o lucro do rei não era mesquinho.

Hoje, que as coisas estão mudadas, e muitas esquecidas, perdeu-se o significado das *conhecenças*, taxas que tanto perturbaram a paz dos vigários e foram objeto de incessante clamor. *Conhecenças* eram bilhetes de confissão. Como todos tinham de se confessar na quaresma, os párocos, aos quais pertencia a contribuição, faziam o recenseamento de seus paroquianos, casa por casa, e davam esses bilhetes como talões de recibos, tanto por cabeça dos maiores, que comungavam, e metade por cabeça dos menores, que não comungavam. Ainda temos listas desse tempo e servem para se conhecer a estatística de nossas antigas povoações.

Não se trata aqui de uma taxa ilícita eivada de simonia, como irrefletidamente muitos podem entender. Era uma contribuição direta, e por isso mesmo odiosa, mas de lei, cuja cobrança se fazia por esse lançamento, que os párocos, cuidadosamente, conforme era de seu interesse, organizavam tomando por base o serviço das desobrigas quaresmais.

A Constituição do Arcebispado da Bahia melhor esclarece a matéria no seguinte parágrafo:

> Conforme os sagrados cânones, não só se deve às igrejas, e aos ministros destas, os divinos prediais e mediatos, como fica dito; mas outros, que se chamam pessoais, que são a décima parte de todo o ganho e lucro licitamente adquirido por via de qualquer ofício, artifício, trato, mercancia, soldadas, jornais, quer de ofício, quer de serviço, tirados os gastos e despesas; e porque o costume tem alterado essa obrigação, de maneira que em algumas partes se paga somente uma conhecença de certa quantia em dinheiro segundo o trato de cada um, e assim se usa neste nosso arcebispado, sobre o qual já tem havido vários pleitos e sentenças em juízo contraditório, ordenamos e mandamos que se guarde o costume de muitos anos introduzido neste nosso arcebispado e que, em observância deste, se pague, cada cabeça de casal, quatro vinténs, e cada pessoa solteira, sendo de comunhão, dois vinténs e, sendo somente de confissão, um vintém de conhecença, a que vulgarmente se chama *aleluia*, por se costumar pagar pela páscoa da ressurreição; e se pagará, no tempo da desobriga, à igreja paroquial onde cada um receber os eclesiásticos sacramentos e ouvir os ofícios divinos por ser morador na mesma paróquia, ainda que o ganho seja fora dela.

Capítulo segundo

I. O clero

Em virtude da organização política do reino, as coisas e as pessoas do clero pertenciam à jurisdição eclesiástica. O meio de que dispunha o rei, sem alterar as normas do direito público, era mandar, como soberano, os padres despejarem a terra onde se tornassem importunos e turbulentos; e muitas foram, como vimos na *História de Minas*,[18] as ordens sobre ordens nesse sentido. Do mandar ao ser obedecido, porém, a distância era grande o bastante para não se incomodarem os padres; e, salvo um ou outro que se fazia de todo insuportável nos lugares, nenhum mais foi expulso, não se contando a perseguição mais bem-feita nos tempos do Conde de Assumar e do Conde de Valadares, princípios, todavia, que não conseguiram o fim.

Em primeiro lugar, temos que observar que, embora licencioso e turbulento, o clero estava ao natural com a sociedade de seu tempo. O nível moral era esse; e os costumes corriam de parelha. O bispo do Rio informou com toda simplicidade ao rei que em Minas os clérigos seculares, ou regulares, nenhum caso faziam dele, nem também de excomunhão, e que Sua Majestade, por isso, lá fizesse o que entendesse. Entretanto, o que melhor se deve julgar é que os bispos não eram nisso, para que

---

[18] VASCONCELOS, Diogo de. *História Antiga das Minas Gerais*. Belo Horizonte: Imprensa Oficial do Estado de Minas Gerais, 1904 (2ª edição do "primeiro livro", ampliado e revisado); VASCONCELOS, Diogo Luis de Almeida Pereira de. *História Média de Minas Gerais*. Belo Horizonte: Imprensa Oficial de Minas, 1918. (N. Coord.)

digamos, muito sinceros. Quanto aos superiores dos conventos de onde fugiam os frades apóstatas, infelizmente eram peças do mesmo estojo e nenhuma força moral podiam ter.

Naquele regime quase geral de soberanias, em que o povo era nada, e toda a política se fazia para equilibrar as duas classes poderosas da nobreza e do clero, o principal interesse dos bispos consistia em multiplicar o número de padres, a fim de fortificarem o seu partido, e por isso não os molestavam facilmente.

Isso que por aí se lamenta – que já não há vocações para a carreira eclesiástica – é exageração que a história contesta; pois o que já não vinga é o interesse de ordenações facilitadas, visto o pouco escrúpulo de votos que, senão, teriam de cumprir.

Temos no Arquivo Eclesiástico[19] a prova em cartas régias recomendando aos bispos que não ordenassem indivíduos criminosos antes de satisfazerem as penas; e exemplos houve de ordenações apressadas para subtraírem da jurisdição civil candidatos pronunciados em motins populares.

O Desembargador Teixeira Coelho, em sua monografia *Instruções para o governo de Minas*,[20] a esse respeito, dizia:

---

[19] O Arquivo Eclesiástico da Arquidiocese de Mariana, originário do acervo documental guardado no velho palácio arquiepiscopal, era uma repartição da cúria, que, segundo o cônego Raimundo Trindade, ficava "afastada do centro urbano" da cidade, funcionando precariamente "em duas acanhadíssimas dependências do velho paço" (TRINDADE, Raimundo. *Arquidiocese de Mariana: subsídios para a sua história*. São Paulo: Escolas Profissionais do Liceu Coração de Jesus, 1929. v. 3, p. 1455). O seu primeiro diretor foi o cônego Raimundo Trindade – entre 1923 e 1944 –, o mais notável pesquisador da história eclesiástica de Minas Gerais. Desde 1965, o arquivo eclesiástico foi instalado na rua Direita, em Mariana, durante o governo do Arcebispo Dom Oscar de Oliveira (1960-1988). Estabeleceram-se os seus estatutos (aprovados em 08/9/1965 e registrados em cartório civil) e, em seguida, foi reconhecido de "Utilidade Pública" (Lei Estadual nº 494, de 14/5/1967) (RODRIGUES, Flávio Carneiro. Arquivo Eclesiástico da Arquidiocese de Mariana (AEAM). *O Arquidiocesano*, Mariana, 24 nov. 1985). (N. Coord.)

[20] A *Instrução* (1780) do desembargador Teixeira Coelho não foi editada no século XVIII, como pretende Diogo de Vasconcelos. O manuscrito foi publicado na *Revista do Arquivo Público Mineiro* (COELHO, José João Teixeira. Instrução para o governo da capitania de Minas Gerais, *Revista do Arquivo Público Mineiro*, Belo Horizonte, v. 8, n. 1-2, jan./jun. 1903, p. 449-450). É significativa a omissão da expressão, supostamente ofensiva, do texto original: "[...] dispensando sem necessidade, em mulatismos, e ilegitimidades" (p. 450). Anteriormente o manuscrito havia sido publicado na *Revista do Instituto Histórico e Geográfico do Brasil*, em 1852 e em 1888 (2ª edição, citação: p. 310). (N. Coord.)

Desde a nomeação do bispo de Mariana, Dom Joaquim Borges de Figueiroa, se tem conferido ordens a um grande número de sujeitos sem necessidade e sem escolha. Tem-se visto alguns, que, tendo aprendido somente ofícios mecânicos e servido de soldados na tropa paga, se acham hoje feito sacerdotes. Tendo o Doutor Francisco Xavier da Rua, governador que foi do bispado, com procuração do dito bispo, ordenado os sacerdotes que eram precisos, não foi bastante para que o Doutor José Justino de Oliveira Gondim, que lhe sucedeu, deixasse de ordenar em menos de três anos cento e um pretendentes, dispensando, sem necessidade, ilegitimidades. O Doutor Inácio Correia de Sá, que sucedeu a José Justino, ordenou oitenta e quatro em menos de sete meses.

Repugnando-nos crer nessa relação, a despeito de ser firmada pelo velho e circunspecto publicista, historiador dos tempos coloniais, procuramos, e não achamos, o menor vestígio dessas ordenações, cujos assentamentos teriam lugar entre 1772 e 1779. A obra do desembargador foi editada em 1780, já estando ele em Portugal, o que significa ter escrito, pelo menos em parte, essas notícias por informação de terceiros, que as teriam enviado. A essas pesquisas ocorre a incongruência da matéria; pois é sabido que só aos bispos compete ordenar candidatos ao sacerdócio, poder que não se delega nem se substabelece. Suposto mesmo que, por abuso, os governadores do bispado tivessem conferido ordens, estas seriam nulas de pleno direito; e os bispos, quando viessem, teriam de cessá-las, se não quisessem revalidá-las, ordenando de novo os candidatos.

II. A disciplina

Chateaubriand,[21] comentando a Idade Média, aponta-lhes as antíteses e contradições: ignorância geral e obras geniais; guerra omnímoda e caridade perfeita; costumes corruptos e sentimentos angélicos; ódios atrozes e poesia divina; heresias e fé ardente; reis de estola e papas de espada. Em ponto menor foi o nosso quadro. Como num vasto descampado cheio de paganismo, encontrava-se uma ou outra casa humilde e modesta da família cristã, de onde se irradiou a fé, e o mundo converteu-se

---

[21] François-René Auguste de Chateaubriand (1768-1848) publicou obras sobre a reforma cristã, entre elas *Génie du christianisme ou Béautes de la religion chrétienne* (1802); *Essai historique, politique et moral, sur les revolutions anciennes et modernes, jusques et y compris l'époque du 18 brumaire an VIII* (1802). (N. Coord.)

pela educação de gerações novas – assim foi a redenção de Minas. O clero, bom ou mau, pecando pelo coração, mas não pelo espírito, é o que basta para manter a fé; e a fé, ainda que servida por ministros imperfeitos, não há duvidas de que penetra, como o calor, na seiva da civilização, e desentranha-se em frutos da caridade, vida e alma de todas as virtudes. Quando outro préstimo não tivesse o clero antigo, conservou-nos a eucaristia, que é o dogma central do cristianismo, e só ele basta para sanificar a sociedade e perpetuar a Igreja. E foi o que se deu em nossa terra, que, em menos de três gerações, se transformou no povo que nada tem que invejar aos mais antigos e cultos pelos dotes do espírito.

A carreira eclesiástica, por visto ser então a única ao alcance dos moços, só ela aberta e franca aos talentos, também igualitária, enquanto as ordenações não se dificultavam nem prevaleciam escrúpulos de votos, foi a mais procurada e favorecida. Os padres eram afeiçoados à sociedade, e a sociedade não era melhor do que os padres. Sob certo ponto de vista, exerciam eles até a influência benéfica de que naturalmente dispõem as classes mais ilustradas; intervinham em tudo; sabiam redigir documentos e, por sua independência relativa da autoridade despótica e pela resistência aos rigores do fisco, eram estimados e aplaudidos. Houve mostras na classe; mas também não deixaria de haver um justo em meio de pecadores. No mais, eram homens, como foram os outros homens, e todos respiravam o ar infecto que empesteava a sociedade, fundada, de mais a mais, como as habitações lacustres, sobre o pântano lodoso e pútrido que foi a escravidão.

O governador Antônio de Albuquerque, em ofícios de 12 de outubro de 1710 e 8 de agosto de 1711, queixou-se ao rei de serem os clérigos revoltosos omissos nos deveres do Estado, ambiciosos, simoníacos e rebeldes ao direito dos quintos, pedra esta de escândalo, que deu causa por certo à denúncia de tantos outros defeitos.

Dom Brás Baltasar, por sua vez, em ofício de 20 de junho de 1716, insistindo nos artigos do mesmo libelo, enviou a Sua Majestade um plano de emolumentos eclesiásticos, como acima se disse, e aventou a ideia, toda de um néscio, de que os párocos fossem providos pela Mesa da Consciência e Ordens,[22] escolhidos entre clérigos sábios e de bons

---

[22] Mesa da Consciência e Ordens: tribunal reinol que arbitrava sobre a administração das ordens militares e tinha papel consultivo nos assuntos espirituais, com implicações temporais, relacionados à Coroa portuguesa. (N. Coord.)

costumes, visto os bispos não atenderem a isso com seus padres do rio de vida licenciosa.

Não se deve esquecer de que foram clérigos os maiores e mais afoitos instigadores da revolta que veio entalar Dom Brás em Raposos na questão das bateias (*vide História Antiga de Minas Gerais*).[23]

Entretanto, quem deu com o remédio único, senão para uma completa regeneração, ao menos para atenuar o mal da indisciplina, foi, como se devia esperar, o Conde de Assumar, homem de vistas seguras e braço firme, propondo a criação de um bispado em Minas e outro em São Paulo, para evitar, dizia: "a grande dissolução e destraimento dos eclesiásticos". Recebendo essa proposta, o rei comunicou, por carta de 6 de setembro de 1720, ao conde que havia recomendado ao arcebispo da Bahia e ao bispo do Rio que não se opusessem e, antes, bem informassem ao papa a favor de tão necessária medida.

III. A criação do bispado

Em 1712, como vimos na *História Antiga*, o rei, já então Dom João V, querendo favorecer a serviço dos paulistas, elevou à categoria de cidade a vila de São Paulo, com a promessa de um bispado. É preciso relembrar que as terras do Brasil, pertencendo ao senhorio de Cristo, só vilas podiam ter. As cidades exigiam o município em terra livre, e por isso o rei, como soberano, podia criá-las, mas primeiro, como grão mestre de Cristo, havia de emancipá-las a terra, a pretexto de propagar a fé com a criação de bispados. Porque o papa também de seu lado não instituía bispos que residem em vilas, em terras de senhorio. Daí a promessa de um bispado para elevar São Paulo a cidade. O distrito, porém, que deveria compor a nova diocese, em tanta decadência e tão rapidamente caiu naquela época, que o rei se viu obrigado a protrair a criação desejada; e, como em 1720 não podia criar o bispado de Minas sem cumprir a sua palavra em relação ao de São Paulo, adiou o expediente. Para se avaliar a decadência do distrito

---

[23] Diogo de Vasconcelos refere-se à resistência sediciosa dos moradores dos termos de Sabará e Caeté ao pagamento dos quintos por bateia, o que resultou em um acordo entre o governador da capitania, Dom Brás Baltazar da Silveira, e os agentes camaristas no povoado de Raposos. O acordo tributário previu o pagamento anual de uma cota fixa em ouro (VASCONCELOS, Diogo de. *História Antiga das Minas Gerais*. Belo Horizonte: Imprensa Oficial do Estado de Minas Gerais, 1904, p. 293-294). (N. Coord.)

de São Paulo, exausto de forças em consequência dos descobrimentos feitos por seus naturais, basta rever os antigos relatórios da Fazenda Real. Em 1776, por exemplo, a receita das entradas arremataram-se:

De São Paulo por .... 7:716$200 réis
De Cuiabá por .... 27:006$704 réis
De Goiás por .... 154:324$014 réis
De Minas por .... 754:953$082 réis

Esses algarismos dizem tudo.

Entretanto, como já não era possível adiar por mais tempo, o mesmo rei tratou de impulsionar em Roma os papéis; e, afinal, foi expedida por Bento XIV a bula *Candor lucis aeternae*,[24] de 6 de dezembro de 1745, instituindo as duas dioceses de Minas e de São Paulo, bem como a prelazia de Goiás, todas sob os auspícios de Nossa Senhora da Assunção, a dileta invocação daquele papa.

A fim de antecipar a bula, o rei, no mesmo dia 23 de abril do referido ano, elevou a vila de Nossa Senhora do Carmo a cidade de Mariana,[25] em obséquio à Rainha Consorte Dona Maria Ana de Áustria.

A vila, nesse tempo, achava-se em total decadência e arruinada, como se depreende da carta de Gomes Freire de Andrade ao secretário Alexandre de Gusmão, datada de Vila Rica aos 8 de outubro de 1745.

> Na forma da ordem que Vossa Senhoria me participa mandei logo tirar a planta da igreja e casas da nova cidade de Mariana, que remeto, e posto Sua Majestade tem determinado seja aquela cidade donde reside prelado, parece-me remeter a V.S.ª com a planta as cartas que com elas me entregaram de quem a tirou e do juiz de fora. Se o desembargador Rafael Pires Pardinho houvesse estado na Vila do Carmo quando se recolheu ao reino, não votaria, como fez. O rio tem levado a cidade, vila, arraial (pelo pouco que hoje é, só parece), além do que diz a carta do oficial que tirou a planta: é necessário saber que a matriz (como dirá o bispo) ameaça ruína: como estou persuadido, a mente de Sua

---

[24] Em português: "Esplendor da luz eterna", conforme o texto bíblico: *Candor est lucis aeternae speculum sine macula et imago bonitatis illius* (*Sabedoria*, 7:26). (N. Coord.)

[25] A vila fora instituída por Antônio de Albuquerque a 8 de abril e instalada a 4 de julho de 1711, com o nome de Vila do Ribeirão de Nossa Senhora do Carmo de Albuquerque, que o rei simplificou dizendo Vila de Nossa Senhora do Carmo. (N.A.)

Majestade é escolher o lugar o mais próprio para a nova fundação, só se fizer também uma nova cidade, fora do rio, poderá ser tudo capaz: e fazerem novos moradores será difícil; pois está hoje mais diminuta de lavra e faisqueiras; farei o que Sua Majestade me mandar e servirei a V.S.ª sempre, como desejo, etc.

Por essa carta confirma-se a tradição constante do desaparecimento da parte da vila que se estendia à direita do ribeirão, desde a ponte de Taboas até a colina de Sant'Ana.[26] A má vontade de Gomes Freire, que já havia transferido definitivamente a residência dos capitães generais para Vila Rica, deu, contudo, o ótimo resultado de mandar o rei que, de fato, se edificasse uma nova cidade; cuja vista, tirada pelo Padre Viegas[27] em 1809, existe ainda no palácio episcopal, por já terem seguido os papéis para Roma, quiçá também pela vaidade do rei, que não queria deixar em falso o nome da rainha. Mandou, portanto, que se construísse a nova cidade no campo da vila. Era, além de tudo, o mais formoso panorama entre os povoados antigos.

Por ordem, pois, de 2 de maio de 1746, o rei concedeu as terras sem limitação alguma

> [...] para se fazerem casas conforme a planta com frente para a rua e quintais ao fundo, elegendo-se sítio para praça espaçosa, demarcando-se ruas, que fiquem direitas, com bastante largura sem atenção a conveniências particulares, ou edifícios, que contra esta ordem se acham feitos no referido sítio dos pastos; porque se deve antepor a formosura das ruas, e, cordeadas estas, se demarquem sítios, onde se edifiquem os edifícios públicos.

A planta da cidade foi traçada pelo major de engenheiros José Fernandes Pinto Alpoim; e as indenizações particulares foram feitas, por ordem do rei,

---

[26] Era a rua chamada do Piolho, na qual moravam pessoas notáveis, entre outras, o Coronel Torquato Teixeira de Carvalho e os dois tabeliães Garcia Gomes de Pilos e Pedro de Souza da Fonseca, em 1716. Constava a rua de 34 aforamentos, além de casas em chão não aforado. (N.A.)

[27] Padre José Joaquim Viegas de Menezes (1778-1841), conhecido como precursor das artes gráficas no Brasil, nasceu em Vila Rica, estudou em Mariana e ordenou-se em Coimbra. Notável gravador em metal, aplicou-se também nas técnicas da gravura em buril – artes que conheceu e exercitou na Oficina Tipográfica, Calcográfica e Literária do Arco do Cego, em Lisboa. Como pintor, retratou alguns bispos de Mariana, além de conceber um panorama da cidade, e os prospectos da chácara e casa episcopais de 1809, que compõem o acervo do Museu Arquidiocesano de Arte Sacra de Mariana. (N. Coord.)

à custa da câmara, sem aumento de foros. Tendo começado a edificação das casas pelos anos de 1746 até 1809, quando o Padre Viegas pintou o seu referido quadro, em 50 anos vê-se que a cidade já estava edificada, com as ruas, casarios e templos, como hoje, sem alteração, se encontra; o que prova como Gomes Freire se enganou a respeito da pobreza da vila, que nem arraial lhe parecia ser no pouco de seu aspecto. As admiráveis obras monumentais que recomendam a cidade foram encetadas em 1760; mas as ruas já estavam cheias de suas casas desde 1759, pois nelas passou, a 15 de outubro, a procissão do Carmo (vide *História Antiga de Minas Gerais*).[28] Consequentemente, para em tão breve tempo se completarem tais obras, seria preciso o emprego de cabedais avultados e o concurso de pessoal inteligente.[29]

IV. Paróquias coladas

Os descobrimentos do ouro, como vimos na *História Antiga*, foram ditosos sucessos do episcopado de Frei Francisco de São Jerônimo, Conde de Santa Eulália, a quem coube a glória de criar as nossas primeiras cinco freguesias eclesiásticas. Com o rápido incremento das Minas, o país, povoando-se, houve por bem Sua Majestade o Rei Dom João V, que, para nós, mineiros, foi um grande soberano, instituir civilmente as primeiras paróquias beneficiadas, a saber: por carta de 16 de fevereiro de 1718: São José da Barra Longa, Bom Jesus do Monte do Furquim, Conceição de Camargos, Conceição de Ibitipoca, Conceição do Guarapiranga, Rosário do Sumidouro, São Sebastião de Ribeirão Abaixo e Nazaré do Inficionado. De 16 de março de 1720: Santo Antônio do Curvelo; e, desse mesmo ano, Bom

---

[28] A descrição do historiador foi a seguinte: "Pelo percurso da procissão que a Ordem do Carmo fez em 14 de outubro de 1759, trasladando as imagens da capela de São Gonçalo para a de Menino Jesus, sabemos que, vindo pela rua Direita, Olaria, passou em frente do palácio para o bispo vê-la de suas janelas; e subiu pela quarta travessa (Mercês), desceu a rua de São João (rua nova) a entrar no Carminho. O bispo, portanto, já ali morava" (VASCONCELOS, Diogo de. *História Antiga das Minas Gerais*. Belo Horizonte: Imprensa Oficial do Estado de Minas Gerais, 1904, p. 402, nota 3). De acordo com Salomão de Vasconcelos, citando ainda obra de Diogo, essa procissão solene ocorreu em 15 de outubro, "data festiva de Santa Teresa" (VASCONCELOS, Salomão de.*Mariana e seus templos: era colonial, 1703-1797*. Belo Horizonte: Gráfica Queiroz Breyner, 1938, p. 45). (N. Coord.)

[29] Na *História Antiga* não pudemos dar com o termo da criação da vila, que só há pouco descobrimos no Arquivo de Diocese [Arquivo Eclesiástico da Arquidiocese de Mariana], e vai em apenso. (N.A.)

Sucesso de Minas Novas. De 16 de fevereiro de 1724: Conceição de Antônio Dias, Pilar de Ouro Preto, Nazaré da Cachoeira do Campo, Santa Bárbara, Conceição do Rio de Pedras, Conceição da Vila do Carmo, São Caetano do Caeté, Conceição de Catas Altas, Santo Antônio do Serro, Pilar de São João del-Rei, Santo Antônio da Vila de São José, Santo Antônio do Bom Retiro da Roça Grande, Conceição de Pitangui e Conceição de Raposos.

Foram essas as paróquias que precederam a criação do bispado. Conceição de Congonhas do Campo elevou-se por carta de 6 de novembro de 1746; Conceição do Mato Dentro, em 1750; Piedade da Borda do Campo (Barbacena), por carta de 3 de novembro desse ano, e São Caetano de Ribeirão Abaixo, em janeiro de 1752.

Além dessas, várias outras freguesias continuaram a existir, independentemente da provisão régia, para os efeitos civis; mas não passavam todas de 30, até 1800, na diocese, embora houvesse algumas na zona de Minas Novas e do lado esquerdo do rio de São Francisco, bem como outras ao sul de Sapucaí, que, embora os territórios fossem de Minas, ficaram pertencendo às dioceses vizinhas.

O rei, se bem que arrecadasse os dízimos e fosse padroeiro da Igreja, punha-se longe do dever de construir as matrizes e, quando muito, prestava insignificantes auxílios.

Para a matriz da Vila do Carmo, por exemplo, ordenou que a câmara concorresse em 6 mil oitavas e cobrasse algumas taxas, a efeito de continuar a obra (1712). Recomendando à câmara da Vila de São José que promovesse a construção de matrizes em seu termo, a câmara fez ver a Sua Majestade, em 2 de março de 1773, que semelhante diligência não lhe era exequível, porque "os europeus e os das ilhas eram os possuidores de toda a América, e os naturais nada tinham".

Não se conclua disso que não tenham os europeus e os ilhéus concorrido para a construção de igrejas. Pelo contrário. As que ainda existem daqueles tempos e se ostentam nas velhas povoações, com esplendor nunca mais ofuscado, inclusive as ricas matrizes de era primitiva, provêm dessa origem. Era mesmo então uma espécie de luxo a devoção com que as confrarias nesse ponto disputavam a palma. O espírito de associação, natural ao homem, se se consentia em coisas religiosas; e nessas suntuosas, porventura belíssimas, obras de arte, inspiradas em sentimentos íntimos da alma, temos o prodigioso poder das pequenas forças coligadas para um mesmo fim. Nada mais fraco e miserável que os infelizes escravos; e até eles, de migalha em migalha, edificaram seus templos ao nível dos mais formosos. Hoje nos parece demasiado o número de igrejas; mas eram necessárias. A sociedade estava profundamente dividida em classes e até em cores; pelo quê se fizeram diversos santuários, para que à vontade orassem os fiéis de cada agrupamento.

Na Vila do Carmo, por exemplo, a matriz pertencia à Irmandade do Sacramento, em cujos estatutos primitivos se lê: "Não podem entrar nesta Irmandade judeus, mulatos e hereges".

A Ordem do Carmo não admitia sem sindicância um branco da terra; e o mesmo fazia a Ordem de São Francisco. O Bispo Frei Domingos, devotíssimo do Patriarca Seráfico, para que os homens de cor pudessem prestar-lhe culto, criou uma arquiconfraria em todas as cautelas, a fim de não se confundir com a Ordem Terceira. Esta tinha por padroeira a Senhora da Conceição; vestia-se de hábito cinzento e capa talar; tinha no trono do altar-mor o episódio do Monte Alverne. A arquiconfraria teve a senhora Rainha dos Anjos, hábito preto e capa curta, e o episódio do Amor Divino.[30] Em suma, os pretos crioulos, para não se igualarem aos africanos, que eram do Rosário, instituíram a sua Capela das Mercês. *Vanitas vanitatum*.[31]

Recordações da Idade Média: aqui também os artífices quiseram gozar de suas irmandades. Os carpinteiros festejavam a São José; os músicos, a Santa Cecília; os homens do foro e os letrados em geral, a São João Evangelista; e os médicos, a São Lucas. Enfim, o único sodalício comum era de São Miguel, em cuja balança a justiça a todos pesava incorruptível, e o escravo podia valer, na balança, como provavelmente valia, mais que o senhor. Era aquela, pois, uma sociedade em que só a morte igualava os homens. E, todavia, em pouco mais de um século é essa mesma sociedade que se transformou e, apesar dos pesares, formou esta grande família unida. Prodígio foi esse da mesma fé, resultado que não se conseguiu ainda em países mais antigos, onde o catolicismo não inspirou as classes dirigentes a reconhecerem a igualdade perante Deus.

---

[30] O episódio do Monte Alverne refere-se ao arrebatamento miraculoso de São Francisco, que, isolando-se neste monte, viu um serafim angélico com a figura do Cristo crucificado. Desde a visão, o santo portou as mesmas cinco chagas do Cristo (LEHMANN, João Batista. *Na luz perpétua*. Juiz de Fora: Livraria Editora "Lar católico", 1956. v. 2. p. 361-362). O amor de Deus deve remeter à paixão de Cristo, como expressão máxima dessa doação, conforme o símbolo na capela da arquiconfraria franciscana de Mariana (braço do Crucificado cruzado com o de São Francisco, sobre a cruz). (N.Coord.)

[31] Em português: "Vaidade das vaidades" (*Eclesiastes* 1:2). (N. Coord.)

Capítulo terceiro

I. Visitas episcopais

O primeiro bispo que visitou o distrito das Minas foi Dom Frei Antônio de Guadalupe, que entrou em dias do ano de 1726. Passando pela Vila do Carmo em janeiro, esteve no dia 27 desse mês em São Caetano, data em que publicou os seus mandamentos ou capítulos de visita. Nesse documento, que temos examinado, além das admoestações comuns respectivas aos costumes, de que já temos amplamente falado, destacamos o que se refere ao estratagema, que empregavam alguns senhores, de mandar batizar seus africanos em paróquias diferentes da sua, com o interesse de iludirem os vigários, visto que estes exigiam que fossem os catecúmenos instruídos primeiro em pontos essenciais da doutrina. Em outro capítulo, disse o bispo:

> Achamos que alguns escravos, principalmente da costa da mina, retêm algumas relíquias de sua gentilidade, fazendo ajuntamento de noite, com vozes e instrumentos, em sufrágios de seus falecidos, ajuntando-se em algumas vendas, onde compram várias bebidas e comidas, e depois de comerem lançam os restos nas sepulturas; recomendamos aos reverendos vigários que de suas freguesias façam desterrar esses abusos, condenando em três oitavas para a fábrica aos que receberem em suas casas e ajudarem essas superstições.

De São Caetano seguiu o bispo na sua visita pastoral e em maio chegou ao Serro, sendo ali vigário o Padre Doutor Simão Pacheco. Os mandamentos dessa visita foram redigidos e datados no dia 3 desse mês. Vindo do Serro para Sabará, continuou para São José e São João del-Rei, onde publicou a carta pastoral de 3 de novembro, documento em que resumiu os conselhos e advertências, como também os mandamentos gerais, analisando e censurando os abusos e maus costumes observados em todo o tempo de sua excursão, na qual se demorou mais de um ano. A respeito de os padres se trajarem, temos o seguinte mandamento:

> Lembrem-se (os padres) que, assim como são diferentes dos seculares no estado, assim devem o ser nos trajes. Pelo que mandamos que nas vilas andem sempre com vestidos compridos, sem os quais, e sobrepeliz, não sejam admitidos a celebrar, nem ir às procissões, nem também assistir os ofícios de defuntos. Nas aldeias e pelos caminhos poderão trazer casaca, contanto que seja de cor preta, sem canhões nas mangas, e que cubram meia perna, trarão cabeção com volta, ou pegado ou postiço; e os que depois de três meses da publicação desta forem achados com outra forma de vestido, sejam presos e paguem da cadeia seis mil réis para o meirinho e a fábrica da Sé, e perda do vestido, e poderá ser denunciado ao vigário da vara, para que o castigue. Com a mesma pena lhes proibimos véstias interiores que não sejam pretas, pardas ou roxas, botões de ouro, prata ou outro metal nos colarinhos e mangas das camisas, nem andem com o peito aberto como os seculares. Também proíbo, debaixo das mesmas penas, perucas ou cabeleiras postiças; salvo com causa urgente e licença nossa, cabelos compridos abaixo das orelhas e chapéus com as modas dos seculares; ou andar de noite com armas ou disfarçados, e, fazendo assim, poderão ser presos pelas justiças seculares e remetidos ao vigário da vara: não usem anéis, exceto os que para isso têm privilégio, que deporão para celebrar. Sobretudo recomendamos a devoção, em tudo que devem fazer, não gastando na missa menos de um quarto e meio de hora, nem menos de um quarto e meio na ação de graças.

* * *

Até a vinda de Frei Guadalupe, as igrejas de Minas foram visitadas por provisores de Frei Francisco de São Jerônimo. Este bispo, em data de 20 de agosto de 1715, por via de pastoral, mandou observar um Mandamento com 38 artigos sobre o governo das igrejas, atendendo às distâncias em que se achavam. Em cada comarca instituiu um vigário da vara com poderes quase de vigário geral sobre os demais vigários e curas, assim como sobre os clérigos, ordenando que não confessassem nem pregassem senão aqueles que para isso tivessem licença. No artigo 19 determinou:

> Examinará cada um dos ditos vigários da vara as licenças, que damos aos eclesiásticos, para irem às Minas e se lhes tem acabado o tempo de estarem nelas. Não consintam que continuem

mais que por tempo de 4 meses, para se disporem e ajustarem seus negócios; e examinarão se levam licença para celebrarem missa, e, sendo clérigo de outro bispado, lhe porá, na licença que mostrarem, visto nas Minas, e se assinará com rubrica; e o mesmo fará com os forasteiros que com licença nossa entrarem nas Minas por outros caminhos; vistas as demissórias e estando corretas, lhes darão a licença para celebrarem.

O primeiro vigário da vara da comarca de Vila Rica e também cura da paróquia da Vila do Carmo foi o Doutor Antônio Cardoso de Souza Coutinho, com o qual se deu o insólito caso que está narrado na *História Antiga* e que parece ter contribuído para o regimento aludido do bispo São Jerônimo.[32] Em 1716, esse bispo, querendo restabelecer a ordem, tão profundamente alterada por tal escândalo, nomeou vigário da vara da comarca e visitador das igrejas mineiras o Doutor Pedro Fernandes de Henojosa Velasco, e, para paroquiar a freguesia do Carmo, o Padre Miguel de Góis Araújo, em 1721, e o Padre Matias Gonçalves Neves, segunda vez, em 1723. Depois do Doutor Henojosa veio, em 1719, o Doutor Pedro de Moura Portugal, e o cônego Doutor João Vaz Ferreira, em 1724. Este cônego deu lugar à ordem de 20 de outubro de 1725, provocada pela conta que deu Dom Lourenço de Almeida a Sua Majestade sobre os excessos por aquele praticados; e por cuja causa se amotinaram furiosamente os moradores da Vila do Carmo, da qual era o dito cônego conjuntamente pároco. Recomendou o rei ao bispo que mandasse proceder a uma devassa do procedimento do cônego e do delito que havia cometido, devendo ser castigado conforme suas culpas. Mandasse também o bispo sem demora recolher das Minas esse vigário; e quando a elas enviasse clérigos, fossem letrados que não ignorassem a forma do processo judicial e que, em vez de reprovarem os abusos, viessem introduzir outros.

Já se vê que foi o próprio bispo quem menos acertou no modo de executar seus mandamentos, enviando a serviço da Igreja vigários da vara e visitadores que não correspondiam a sua confiança.

---

[32] Refere-se ao caso da mulata escrava raptada pelo vigário da vara, na Vila do Carmo, que resistiu violentamente, aliando-se a clérigos e moradores, ao mandato da justiça régia para entregar a escrava ao senhor, que não quisera vendê-la. O bispo, quando soube do confronto, resolveu revogar a provisão paroquial deste vigário e nomear outro, em 1716, enquanto que o rei determinou que o padre fosse processado e expulso das Minas (VASCONCELOS, Diogo de. *História Antiga das Minas Gerais*. Belo Horizonte: Imprensa Oficial do Estado de Minas Gerais, 1904, t. 2, p. 303). (N.Coord.)

II. Frei João da Cruz

O segundo bispo que veio a Minas foi o sucessor de Frei Guadalupe, Dom Frei João da Cruz, de tragicômica memória, o qual esteve em correição e visita às igrejas de 1743 a 1745, residindo de preferência na Vila do Carmo, onde havia em disponibilidade o palácio dos governadores, onde se alojou, e, demais, era a localidade indicada para sede do futuro bispado. Além dos vigários forâneos e os estabelecidos por seu antecessor São Jerônimo nas comarcas de Minas, Frei João da Cruz instituiu uma vigararia geral, e havia encontrado no distrito o Doutor Francisco Pinheiro da Fonseca, que desde 1736 exercia funções de provisor e visitador com faculdades quase prelatícias. Era este um sacerdote notável, formado em cânones, muito talentoso, mas amigo de negócios, condescendente e de vistas grossas para defeitos que bem podiam ser próprios, e por isso muito estimado de grandes e pequenos, seguros de não levarem na testa a primeira pedra. Além disso, os colegas muito o consideravam, por ser comissário do Santo Ofício e gozar de benefícios na Colegiada de São Pedro, de Coimbra, e da Santíssima Trindade, de Lamego.

Dom João da Cruz, achando as igrejas descuidadas e a sociedade em geral entregue aos maiores desregramentos, na forma do costume, destampou as energias de que era capaz e começou a dar pancada em regra. O Doutor Pinheiro da Fonseca foi o primeiro a ser destituído dos cargos e até suspenso de ordens, golpe que logo atraiu contra o bispo a maior indisposição e ódio da numerosa e influente clientela do reverendo. Durante os três meses, de 26 de março a 21 de junho, em que o prelado esteve de pé firme na Vila do Carmo, não passou dia em sossego, tomando conta às irmandades e fabriqueiros, tanto dessa como de outras paróquias vizinhas; e também inquirindo e devassando de abusos e maus procedimentos. Suspendeu, em virtude, vários padres; proibiu festas fora da igreja; reprimiu beatos que especulavam em nome de santos e coagiu amancebados a se casarem ou a se separarem, matéria em que provocou os mais apaixonados protestos e animosidades. Foi tanto o azedume desse rigor, que muitas vinganças se projetaram, mas sem resultado; porque, se o bispo era severo e violento, não era injusto nem desigual; e, assim como tinha provocado iras, não lhe faltava o apoio da gente melhor e sensata, que via a sociedade a pedir o tratamento que lhe dava. Entretanto, se para vinganças atrozes aos inimigos falecia certa coragem, pois não era para se facilitar qualquer crime com semelhante homem, destemido e até cheio de razões, o mesmo não sucedia com os desabafos em falatórios, sátiras e pequenas conspirações.

Para amostra, porém, das picardias planejadas, uma se pôs em prática pior que um tiro, pois, dado o gênio iracundo e fogoso de Dom João da Cruz, que não se conteve diante do ridículo, ficou perpetuada na história para não se lhe achar comparação nem antes nem depois.

O caso foi que, tendo o bispo de prosseguir em sua visitação às igrejas do norte, partiu da Vila do Carmo na manhã de 21 de junho, de 1743, a caminho de Camargos, primeira igreja que tinha de examinar em sua passagem: "no momento da partida, porém, quando os sinos se preparavam para saudar o seu pastor com os costumados cortejos e repiques, deram os sineiros por falta de todos os badalos dos quatros sinos da matriz e do da Capela de São Gonçalo".

É o que narra o Conselho Ultramarino em sua Consulta de 16 de abril de 1744, citada no *Kosmos* (de maio de 1907), em um belo artigo do ilustrado mineiro senhor Mario Bhering,[33] de que nos aproveitamos, verificado nos Arquivos de Mariana e Belo Horizonte, ao qual acrescentaremos circunstâncias com pequenas retificações colhidas em documentos que perlustramos.

O palácio de onde partiu o bispo, o mesmo que foi do Conde de Assumar, ficava, antes de ser edificada a nova cidade, fora da vila, e ainda existe, servindo de moradia aos comissários da Ordem Terceira de São Francisco, situado, portanto, à beira do campo.

O caminho do palácio para a praia do ribeirão passava em frente às casas do Doutor João Dias Ladeira, em cujos chãos vemos hoje o formoso templo do Carmo; e, descendo, deixava à esquerda os quartéis, que o Conde de Assumar havia mandado construir, local este onde, em 1780, se edificou o atual paço da câmara. Daí continuava descendo, atravessava a rua Direita, que unia o arraial de baixo com o de cima, e depois a rua do Piolho, em cujos fundos se vadeava o ribeirão e se subia para Monsus, indo para Mato Dentro.

---

[33] "Os sinos de Mariana", artigo de Mario Bhering, foi publicado em *Kosmos – Revista Artística, Científica e Literária*, ano IV, Rio de Janeiro, maio de 1907. A referência sobre a narrativa do Conselho Ultramarino, datada de 16 de abril de 1744, citada por Vasconcelos encontra-se na nota 1 deste artigo, disponível em: <http://peregrinacultural.wordpress.com/2011/10/02/os-sinos-de-mariana-revista-kosmos-maio-1907-texto-de-mario-behring/>. Acesso em: 20/04/2013. (N. Coord.)

Acompanhado por seus amigos e entretido com as despedidas do povo, Dom João da Cruz não deu com o silêncio da matriz, já que era cedo e podia supor uma leve incúria dos sineiros; ao passo que as torres de São Gonçalo não tinham mais que uma sineta de pouca importância.

Como quer que fosse, estando já Dom João em Camargos, ao cair da noite, chegaram-lhe, por um positivo, cartas do vigário da vila, Padre José Matias de Gouveia, e também do Cônego Domingos Lopes, que ficara como provisor, comunicando-lhe o insulto e também as providências que já estavam tomadas para serem punidos os insolentes. Foi um raio. Dom João da Cruz, no dia seguinte, quinta-feira, demandou para a vila, e tanto foi chegar para mandar abrir devassas, ele mesmo presidindo uma, encarregando o vigário de outra, o Cônego Lopes de uma terceira e, finalmente, o Doutor Felix Simões de uma quarta, em Antônio Dias, de cuja paróquia era vigário, na qual, por ser limítrofe, poderiam aparecer indícios e provas.

O delito pertencia ao foro eclesiástico; e quase toda a população da vila foi inquirida pelos padres verbalmente, escrevendo-se apenas os depoimentos mais importantes. Sendo um grande número as pessoas desafeiçoadas ao bispo, muitas ficaram comprometidas; pelo que, e no interesse de que nenhuma escapasse, o Cônego Lopes, à frente de uma corte de clericais e paisanos armados, pôs a vila em cerco e passou a fazer prisões. À medida que se adiantavam os interrogatórios, novas diligências se desenvolviam; e a cadeia ficou cheia. Invadidas as respectivas casas, foram capturados o bacharel Manuel Ribeiro de Carvalho, advogado nos auditórios da vila, Domingos Pinto Coelho, José de Almeida Costa, Manuel Pinto da Rocha, o licenciado em farmácia Manuel Peixoto de Sampaio e outros de igual vulto, sendo sem conta os que se esconderam ou fugiram para fora, o que bem mostra o abalo de toda a povoação.

Em carta do Ouvidor Caetano Furtado de Mendonça, dirigida ao secretário de Estado, em agosto, relata-se como o bispo mandou meter em ferros e em troncos os presos, como se usava fazer aos escravos, dizia ele.

Não satisfeito, determinou Dom João da Cruz remeter para as cadeias do Rio de Janeiro alguns dos indiciados que tinham recorrido para o Juízo da Coroa; e, neste propósito, o Cônego Domingos Lopes organizou uma escolta de paisanos e clérigos, mas o ouvidor se opôs e ordenou ao carcereiro que não entregasse os presos.

O cônego, exaltado, chamou novos sequazes e foi cercar a cadeia para tirá-los à força; mas o ouvidor, em tempo, havia ordenado ao juiz de fora, Doutor José Ferreira de Moura, que, de sua parte, convocando ordenanças e vintenas, repelisse o ataque e não consentisse na tomada dos agravantes, sujeitos, como já estavam, ao Juízo da Coroa.

Nesse comenos, o mesmo juiz de fora, tendo recebido uma carta anônima, foi com oficiais de justiça ao córrego, hoje dito do seminário, e da lá retirou os badalos onde tinham sido lançados e mandou restituí-los às autoridades eclesiásticas.

Era tradição em Mariana que o Bispo Dom João, entre as mais desforras que tomou, foi assim decretar um interdito às igrejas da paróquia, do qual, tendo se recorrido, Sua Majestade houve por bem mandar suspendê-lo, por excesso, visto que foi pena que caiu sobre inocentes de modo geral e iníquo. Examinando-se, porém, os livros e registros da paróquia, nenhum vestígio se depara de semelhante castigo. Ao contrário, quer antes, quer depois do fato, verifica-se em continuidade a celebração dos sacramentos, não se tendo, portanto, interrompido a vida normal da Igreja. A tradição, pelo que parece mais certo, é corruptela dos provimentos dados aos agravos interpostos pelos pronunciados e presos, vítimas da justiça episcopal, arbitrária e desatinada. E, de fato, uma nova devassa que o juiz de fora abriu em 1745, por ordem do rei, deu em resultado averiguar-se que nenhum dos presos tinha culpa no caso dos badalos. Quem os havia tirado dos sinos era o Padre Francisco da Costa e Oliveira, despeitado, por não ter o bispo admitido o seu mau comportamento, e também outro padre, Antônio Sarmento, suspenso de ordens, que, da mesma forma vingativo, se combinou com aquele seu colega, um para os sinos da matriz, outro para os de São Gonçalo.

Queixava-se o Padre Costa da injustiça e atribuía sua exclusão ao fato de ser amigo íntimo do Doutor Pinheiro da Fonseca, motivo por que o bispo havia também perseguido iniquamente a Manuel Pinto da Rocha. Quanto a este, ficou, entretanto, provado na devassa que, muitos dias antes do anunciado para a viagem do bispo, já prognosticava o silêncio dos sinos. Na última devassa instaurada pelo juiz de fora, a pronúncia do Padre Costa nenhum efeito já podia produzir, visto que havia ele falecido; mas foi utilíssima aos demais processados no foro eclesiástico, por assegurar-lhes no Juízo da Coroa a mais completa justificação de inocência; pois tão somente contra eles se apurou que eram desafetos e faladores do bispo, quase todos despeitados. É assim que o boticário Peixoto de Sampaio, amicíssimo do Doutor Pinheiro da Fonseca, embora não tivesse culpa direta na contumélia dos sinos, o juiz de fora opinou que fosse retirado das Minas, por ser homem *arrogante, muito insolente,* podendo-se fazer ideia de que vociferava contra o bispo na sua ira, por ter sido obrigado a firmar um termo de honestidade.

Em suma, a formidável borrasca deu pouco mais de nada, tendo posto, como vimos, em polvorosa toda a vila e em trabalheira os juízos e autoridades, incomodando o próprio rei.

Dom João da Cruz foi talvez o primeiro que se convenceu das injustiças e violências que fez e mandou fazer, confessando, em sua provisão de 23 de outubro daquele mesmo ano, que até essa data não se sabia quais foram os autores do famoso atentado. Disse ele:

> Primeiramente exortamos ao reverendo pároco que ajude muito com sua doutrina e exemplo a mover o povo da dita vila à paz e união, de que necessita, pondo nisto o zelo e a vigilância de pastor, para que o demônio não semeie mais a cizânia entre as fiéis ovelhas de seu rebanho; e fomente com a sua presença os santos exercícios, estabelecidos na dita igreja; e que se apliquem pelos necessitados do dito povo, especialmente pela paz e caridade necessária entre os fiéis dele, persuadindo os devotos, que se exercitarem nos ditos exercícios, que orem a Deus instantemente para que se descubra os que são e foram causa de todos os distúrbios e inquietações; e ultimamente se atreveram a cometer o sacrilégio escandaloso, que a todos é público; o qual fizeram no dia 21 de junho, afrontando, ou querendo afrontar, a Igreja e a seu prelado.
>
> E porque nos consta que na dita igreja há três chaves que andam por diversas mãos, mandamos ao reverendo pároco que logo as recolha todas a si, não as entregando senão ao sacristão para fazer e administrar na igreja o seu ofício; e por evitar insultos e desaforos mandamos que se fechem as torres com porta e chaves, que terá o pároco ou o sacristão, para que ninguém possa lá ir sem eles saberem; a qual chave não a dará senão a pessoa conhecida, para se evitarem os inconvenientes que do contrário resultam; e qualquer insulto que nela se quiser cometer; e as pessoas, que fazem tanger os sinos, fechem a porta para que não entre mais do que as necessárias; e que não suceda quebrarem os sinos, como até aqui tem sucedido.

Por esses mandamentos, que deixam ver o modo como se agostou o bispo, em cuja linguagem virulenta bem mal respira a santa paz, que aconselhava, dando largas ao desejo de vingança, certificamo-nos de não serem até aquele momento conhecidos os autores do execrado sacrilégio. O deplorável trecho que acabamos de ler demonstra-nos a mais o pouco siso do prelado nessa emergência, dando vulto a uma puerilidade que passaria quase despercebida se desprezada, como convinha, e que, no entanto, perpetuada por tão grande estardalhaço ficou até hoje credora de nossa hilaridade.

III. Desacato ao bispo

Um dos mais qualificados desafetos tinha Dom João da Cruz no ouvidor da comarca, o bacharel Caetano Furtado de Mendonça, com quem logo entrou em desinteligências e acabou em luta acessa. Era esse ministro o que hoje se diria um espírito forte, pois já naquele tempo, até mesmo em Portugal, giravam ideias subversivas, e lia-se às claras o Abade Raynal, em falta de outros livros. Era o prelúdio pombalesco. Fazia mesmo um pique de alta distinção ser-se incréu, não obstante confessar-se na quaresma para se não perderem as vantagens da religião oficial. O nosso bom Alexandre de Gusmão tinha-se por desses. O Ministro Caetano Furtado, sendo da mesma laia, não perdia vasa em se mostrar desabusado e, por suficientemente imoral, ainda que em segredo, foi admoestado pelo bispo na correição que fez em Vila Rica, pelo que naturalmente ficou despeitado. Além disso, por desafetos do ministro, foi o bispo informado de fatos por ele praticados, muito de chocarem nervos piedosos. Por ocasião da festa de *Corpus Christi* do ano de 1740, havia a câmara, segundo era de costume, distribuído velas de cera aos oficiais de guerra, aos cavaleiros da Ordem de Cristo, aos músicos e aos republicanos. Depois disso, igual distribuição se fez e se forneceu para o *Te Deum*, em regozijo ao nascimento venturoso de uma Infanta, ocasião esta em que a câmara também mandou distribuir aos pobres o azeite necessário para luminárias nas três noites do estilo. Entretanto, contra todos os precedentes, o Ministro Furtado glosava essas despesas; e, como se não bastasse a irreverência, glosou também o auxílio de 14 oitavas que foi dado pela câmara em ajuda à compra de castiçais para o glorioso mártir São Sebastião, protetor da edilidade. A esses artigos do libelo, que subiu em forma de queixa à presença de Sua Majestade, a câmara juntou também a glosa da despesa feita com um meirinho que foi levar para Sabará a cabeça de certo mulato justiçado. Dignou-se o rei, por ordem de 5 de maio de 1743, mandar ao governador que lhe informasse a respeito dessas alegações, das quais uma tocava de mais perto ao esplendor da dinastia, como é fácil adivinhar-se; e a câmara, com certeza para apimentar a queixa, não deixou de frisá-la de escândalo.

Conhecida por esses traços a verbera do nosso ouvidor, logo se compreende que péssimas relações não se fermentaram entre os dois juízos e o sistema, quase capricho, que seguiu, dando ele provimento a quantos agravos lhe passavam do eclesiástico.

Em tais circunstâncias surgiu um conflito com o vigário geral, proveniente de certo inventário que este fez, mandando sequestrar os bens deixados por um padre que tinha feito o seu testamento no foro secular. Os herdeiros instituídos apelaram para o ouvidor, e este deu-lhes provimento, avocando o feito para ser processado no foro civil. Enviada a carta rogatória, o vigário geral impugnou-a em termos desabridos, pelo que o ministro, em represália, lhe impôs a multa de 200 oitavas, e na contumácia infligiu-lhe temporalidades, diante das quais cedeu, mas fez subir à Corte as mais veementes queixas. Em virtude, sendo a respeito dessas ouvido o Ministro Furtado, entre outras coisas, disse:

> Não sofre demora a satisfação do castigo; porque, se os juízes da coroa de Vossa Majestade houverem de ser descompostos nos provimentos de recursos por esses padres desavergonhados, e enfronhados nas suas ordens, que lhes parece de tudo tão isentos nos seus desaforos, não haverá juiz da coroa de Vossa Majestade que, com medo de sua venenosa língua e pena, se atreva a valer com a proteção real aos oprimidos vassalos de Vossa Majestade.

Por esse trecho fica a toda luz desnudada a espécie de relações entre aqueles dois funcionários.

Condenado o vigário geral, como dizíamos, o ouvidor mandou intimá-lo no palácio; e, como o escrivão se demorasse ali dentro, vieram dizer-lhe que o bispo o tinha preso. Com essa notícia, o ouvidor, que se havia colocado em posição de ver o fim da diligência, perdeu toda a compostura e, à frente de oficiais de justiça e de homens armados, precipitou-se, indo cercar o palácio e exigindo, por bem ou por mal, a soltura do escrivão.

Mandou-lhe dizer o bispo que em sua casa ninguém entrava sem licença e que o escrivão estava retido apenas enquanto o eclesiástico vinha para se passar a contrafé do mandado. Entrementes, com esse espetáculo, ajuntou-se uma enorme multidão de curiosos em frente ao palácio, dando-se escândalo inaudito e, na verdade, uma afronta.

Com a resposta do bispo e a saída do escrivão, dissolveu-se o ajuntamento, e as coisas voltaram a relativo sossego. Mas é claro que o incidente não podia passar sem consequências. O bispo queixou-se amarguradamente ao rei e mostrou-se sentidamente ofendido em sua dignidade, mormente sabendo que na vila festejaram entre inimigos a desfeita por ele recebida.

Em consequência, queixou-se Dom João da Cruz, também com igual amargura, ao Governador Gomes Freire. Este, porém, nada podia fazer, em vista das ordens régias terminantes, que proibiam a intervenção dos governadores em matérias de justiça.

Se os ministros abusassem, remédio seria darem parte ao governo régio; e foi o que fez Gomes Freire, dando conta dos excessos do juiz e reclamando providências de Sua Majestade.

O resultado não se fez esperar. O rei, por ordem de 12 de maio de 1744, mandou que o Doutor Caetano Furtado de Mendonça fosse preso. "Sou servido, (sic) ordenar-vos mandeis prender o dito ouvidor e o remeter com segurança ao Rio de Janeiro, para da mesma sorte ser conduzido à cadeia do Limoeiro..." Era para satisfazer, dizia a ordem, "os escândalos que esse ouvidor tem dado com suas imprudências e desatenções, repetidas contra o respeito devido ao caráter do bispo, e com as mais perturbações que tem causado".

Em data de 30 de agosto desse mesmo ano, Gomes Freire, estando no Rio, comunicou ao Secretário de Estado Marcos Antônio de Azeredo Coutinho que, em cumprimento da ordem régia e da carta desse secretário, de 25 de maio, fizera prender o ouvidor e metê-lo no castelo da cidade, advertindo-o de que deveria ser embarcado na frota que estava a sair. Participou também que o sindicante desse ministro era o Doutor Simão Caldeira da Costa, ouvidor de Sabará, o qual estava em Pitangui, averiguando os autores de insultos feitos ao vigário e ao coadjutor daquela vila. Era, como a cada passo se vê, um tempo quente aquele em questões eclesiásticas por toda parte.

Como quer que fosse, e parece que por se ter demorado o processo da residência,[34] só em novembro, como Gomes Freire comunicou, em data de 6, ao Secretário Antônio Guedes, o ouvidor foi entregue ao comandante da frota.

Em 25 de abril de 1745, o mesmo Secretário Antônio Guedes oficiou a Gomes Freire nestes termos:

> O capitão de mar e guerra Dom Marcos Henrique de Noronha entregou preso o ouvidor de Vila Rica, Caetano Furtado de Mendonça, que logo foi remetido para a cadeia do Limoeiro, onde se acha ainda, sem embargo de que tem intentado já o requerimento de ser solto sob fiéis carcereiros, alegando por motivo a demora da residência, a que ele deu causa, com o pretexto de nulidade e repugnância, que tem de ser sindicado pelo ministro, que se

---

[34] Era uma devassa que se abria em público para se apurar o procedimento dos magistrados depois que acabava o seu tempo. (N.A.)

lhe nomeou em segundo lugar. A resolução que Vossa Senhoria tomou de deferir-lhe, como ele pedia, foi muito justa, por não parecer natural que o dito bacharel se sujeitasse ao prejuízo grave que lhe resulta da demora de seu livramento, principalmente estando preso, se não tivesse bem fundadas esperanças de que o primeiro sindicante seria mais propício.

Essa reflexão e algumas notícias, que aqui têm chegado, de que o ouvidor de Sabará tem dado suficientes provas de sua demasiada propensão a favor de seu colega, fazem muito mais preciso o cuidado que Vossa Senhoria segura que terá de aplicar os meios convenientes para que a residência se tire com inteira justiça e exatidão, que Sua Majestade tem recomendado e que instantemente lhe pede o bispo dessa diocese pelo interesse que lhe resulta de justificar que não foram mal fundadas as suas queixas. A doença, de que padece o dito prelado, obrigou-o a mandar pedir a Sua Majestade permissão para demitir o bispado; e como ajuntou certidão que atestava o deplorável estado em que ficava, sem esperança de poder restabelecer-se, não teve Sua Majestade dúvida de aceitar pela sua parte a renúncia, do que em consequência se deve tratar em Roma, Deus guarde S.

Não obstante a renúncia a que se refere esse ofício de abril, Dom João da Cruz, a esse tempo, andava em visitas, tendo estado na igreja do Serro em 22 de maio e na da Conceição no dia 1º de julho, onde havia chegado no dia 21 de junho de 1745.

As lutas em que se empenhou e as inevitáveis contrariedades que sofreu, vendo em parte desfiguradas as suas queixas, se não lhe abalaram a saúde, causaram-lhe desgostos. Gomes Freire foi um dos que informaram ao governo régio que o bispo fora mal informado para dizer que com o ouvidor lhe fossem cercar o palácio, "homens e negros armados", assegurando, sim, que ali se ajuntou muita gente curiosa. Era diminuir em parte a gravidade do fato e enfraquecer a queixa.

Além disso, a criação do novo bispado estando iminente, Frei João da Cruz ia perder em rendas a melhor parte de sua mitra, separando-se dela Minas, São Paulo e Goiás. Tratou, pois, de fazer uma visita última, apurar os atrasados, arrecadar o que pudesse.

IV. Frei Antônio do Desterro

Dom João da Cruz, tendo, pois, resignado, embarcou para o reino, deixando a mitra a seu sucessor Dom Antônio do Desterro, que só por pouco mais de um ano governou a Igreja de Minas, de fins de 1746 a fevereiro de 1748. Ainda assim, não se esqueceu de seus deveres, enviando pastorais tendentes a emendar vícios e abusos. Na data de 5 de março de 1747, tratando de festas, censura com indignação o costume de se

> [...] fazerem ajuntamentos de pessoas de um e outro sexo a pretexto de festejarem a Maria Santíssima ou outras imagens, ornando para isso altares, com músicas, instrumentos e outras pompas, e ao depois dessas ações empregarem-se as ditas pessoas em bailes, banquetes, batuques, saraus e outros divertimentos totalmente alheios ao louvor de Deus e de sua Mãe Santíssima, concorrendo muita gente, sendo ocasião de escândalos.

Em outra pastoral, de 9 de maio, Dom Antônio trata de repreender o uso de se admitir na igreja a música profana, coisa que até hoje não se extirpou e nem será fácil, desde que haja outra. O que o bispo exigia, porém, era que nas ladainhas e missas se eliminasse o contraponto sensualista de compositores sem escola, que não se podiam numerar; pois bem se chegou a dizer que em Minas não se fazia naquele tempo outra coisa. O Desembargador Teixeira Coelho afiança que metade pelo menos da população era ocupada em fazer música. Parece até bem razoável atribuir-se a essa circunstância o tão rápido melhoramento de nossa educação social, dada a inegável influência da divina arte em abrandar os sentimentos.

As pastorais de Frei Antônio do Desterro revelam-nos, todavia, o quadro daquela época, em que, por falta de liberdade ou de meios para se desenvolverem os impulsos do instinto social, misturava-se o religioso, visto apadrinhar o profano, armando-se oratórios em casas particulares para, depois das ladainhas, entregarem-se os devotos aos divertimentos mundanos. Mas era tal a constituição do tempo, que as próprias festas da Igreja se celebravam dando azo aos mais alegres espetáculos. Começavam por ser anunciadas em bandos de folgazões mascarados, que percorriam as ruas alvorotando o povoado, e acabavam em cavalhadas ou corridas de touros, ocasiões em que banquetes, bailes e batuques rematavam os dias mais felizes de nossos piedosos antepassados. Dessas folias, diga-se, como se poderiam condenar as do Rosário, se eram as únicas a dar ocasião de desafogo aos pobres africanos que, com as suas danças características, com o seu *congado*, ao som dos tristes instrumentos, restos de sua pátria, aqui viviam, ao menos pela ilusão de um dia, as cerimônias e os usos de seus fetiches? Fingiam-se de livres, tinham seu rei, sua rainha e seus generais, dançavam e cantavam. Quem teria ânimo de separá-los desses regozijos?

* * *

Coisa muito pior, e não achamos vestígios de que os bispos a condenassem, eram os nichos pelas esquinas diante dos quais vinham magotes de vadios tirar, à noite, terços e ladainhas. Eram as encomendações de almas, fora de hora, em cada cruz que se encontrava, devoções de que, aliás, se compraziam os moradores do bairro. Tempos e costumes.[35]

Em se falando da história do nosso bispado e do muito que aos bispos custou curar o rebanho, não se entenda que faltaram aos visitadores formalidades, tampouco diligências, se bem que todas infrutíferas, dado o fundo em que eram processadas. As famosas devassas que se abriam nas visitas deixaram termos e sentenças que ocupam mais de cinquenta livros no Arquivo [Eclesiástico da Arquidiocese de] Mariana, e nem uma décima parte deles foi recolhida. Instalada a devassa, ficava o juiz, que era o visitador, à espera dos denunciantes; e estes, bem fácil é ver, não eram senão inimigos.

Raríssimos foram os homens de certa importância que se enlodaram nas denúncias, e em tantos livros foram raros os clérigos que passaram por tal vexame. Não havia gênero que escapasse; mas raríssimas foram as culpas que não se referiram ao sexto do Decálogo.

Para dizer como se procedia, damos aqui um termo catado a esmo:

> Aos 30 dias do mês de outubro de 1730, nesta freguesia de Prados, estando em ato de visita o Reverendíssimo Doutor Vigário Geral, apareceu perante ele a notificada a sua ordem Isabel Batista, para satisfação da culpa que lhe resultou da devassa desta freguesia, de andar concubinada com Antônio Sardinha; foi admoestada em primeiro lapso de concubinato na forma do Sagrado Concílio Tridentino: confessou a culpa, aceitou a admoestação, e prometeu emendar-se, e sujeitou-se a quaisquer penas ou censuras que lhe fossem impostas em caso que tornasse a ser cúmplice; foi condenada a três mil réis, e nas custas deste termo, em que se assina o dito ministro e eu, João da Fonseca Figueiredo, escrivão na dita visita, que escrevi. Doutor Manuel de Araújo. Isabel Batista.

Igual, *mutatis mutandis*, assinou o culpado Antônio Sardinha. Na freguesia de Camargos achou-se, por um termo de visita de 4 de abril do mesmo ano de 1730, Antônia da Luz, culpada em primeiro lapso com

---

[35] Os deuses arvais eram populares, havendo cada quarteirão de Roma o seu, em nichos de esquina, muito festejados. Um culto muito ruidoso e alegre. (N.A.)

um certo José Pereira. Foi menos feliz a pobre mulher e condenada a dois anos de degredo para a nova colônia. Como não se lavrou o termo do cúmplice, é possível que o tal degredo fosse razão para afastá-la.

Ainda em Camargos, foi chamado a contas José da Costa Oliveira, acusado por trabalhar com seus escravos em domingos e dias santos. Confessou e prometeu emendar-se por termo de 21 de fevereiro de 1721; mas foi condenado em uma oitava para a fábrica da matriz.

João de Araújo Souza foi, por sua vez, notificado a comparecer por culpa de andar em escandaloso ódio com Francisco Frazão. Confessou e prometeu emendar-se.

Um dos termos, porém, que merece um bravo! é o que foi lavrado na visita da Capela do Registro; como se segue:

> Aos 19 dias do mês de agosto de 1726, na Capela do Registro, aonde foi vindo Antônio Afonso, pessoa culpada nesta devassa por usurário e dar dinheiro a juros de um por cento ao mês, capitalizados semestralmente, foi acremente repreendido, e que não tratasse de semelhantes contratos; e por ele foi dito que era verdade haver dado algum dinheiro; mas era por conselho de padres e juntamente por salvar algum dano; e por sua Ilustríssima foi condenado em duas oitavas aplicadas para a bula, e que se abstivesse de semelhantes contratos, o que prometeu, a qual condenação estava por ela.

Os visitadores iam, como se vê, investidos de faculdades quase draconianas, podendo suspender clérigos que achassem no caso desse rigor e dar quantas providências disciplinares e econômicas fossem convenientes ao culto.

Na visita feita à igreja de São Caetano de Caeté,[36] a devassa apanhou Gaspar Gomes da Costa em culpa de estar ausente de sua mulher, pelo quê foi asperamente repreendido, sendo-lhe marcado um prazo de seis meses para liquidar seus negócios e voltar para a Bahia para fazer vida com a sua família. Confessou e prometeu cumprir a ordem, sob pena de prisão por dois meses.

Por essas citações, vemos que a matéria contida em tantos termos de visitas tendia toda a moralizar a sociedade; e nesse sentido não há que apontar senão bem do foro eclesiástico; desde que seria sem contestação um elemento de ordem. O resultado, porém, foi todo negativo; pois

---

[36] São Caetano foi o primeiro padroeiro de Caeté. *Vide* "Aditivos e notas". (N.A.)

nada obteve senão provar que leis sem costumes, como costumes sem doutrina, cortam no ar.

A religião em tudo isso vinha claramente longe de seu papel e, fazendo-se de polícia, perdia toda a força moral; visto que recorria a penas temporais, como se a Igreja mesmo duvidasse da sua eficácia em matérias de fé, penas que, aplicadas à moral, não convencem e até irritam.

Que valor, com efeito, poderia ter a multa de três mil réis por um pecado? Os cúmplices dali saíam zombando, para logo voltarem. Se a outra mulher foi desterrada, porque o cúmplice não compareceu para assinar o termo, é claro que melhor seria comparecerem ambos, pagando a sua multa. Os usurários, por sua vez, satisfeita a multa de duas oitavas, ficavam reconciliados com a consciência e aprendiam a dobrar a taxa.

As devassas, por conseguinte, não compensavam com o bem o mal que faziam. Eram estendais de incomparável desmoralização, querendo corrigir costumes quando mais os pervertiam, e basta dizer que santificavam o sistema das delações e das animosidades, dando campo a espionagens e maledicências. Os graúdos, que eram os maiores culpados, não tinham quem os denunciasse, ou as denúncias não eram recebidas. E como quem denunciava não era caridoso, aí estava a Igreja, dando espaço ao expediente maldito de ódios que mais acirrados o visitador deixava nas localidades por onde passava.

Em 1727, por exemplo, quando o baiano foi condenado em Caeté a voltar para sua casa, as Minas estavam cheias de reinóis e de forasteiros que tinham também deixado as mulheres nos lugares de onde vieram. E, todavia, só aquele caso se tomou em consideração, podendo quem quiser achar no ânimo da denúncia a maquinação de competidores, que assim tentaram ver-se livres do concorrente, obrigado a liquidar seu negócio e retirar-se.

Pelo que temos exposto, mostra-nos a história como as instituições se perdem, desclassificando o seu objeto e os meios de seu exercício. Assim aconteceu com as coisas anômalas que se introduziram na Igreja, enquanto as necessidades circunstanciais as podiam tolerar; e que, passado o motivo ocasional, forçosamente cairiam em descrédito. Para se calcular quanto vale o progresso moral de nossos dias, basta saber que as devassas já não poderiam ser praticadas, nem haveria quem entendesse por serviço de Deus ir jurar e depor sobre a vida alheia.

Capítulo quarto

I. Dom Manuel da Cruz

Expedida que foi a bula *Candor lucis aeternae*, cifrou-se o ponto em achar-se um homem provecto, de virtudes reconhecidas e experimentadas, um piloto enfim capaz de guiar a barca em tão tempestuoso lago. Esse homem foi Dom Manuel da Cruz, da Ordem do Melífluo São Bernardo, como ele mesmo se dizia em suas pastorais, bispo do Maranhão desde 15 de junho de 1739, com capacidade, portanto, já demonstrada, como queria o rei e os interesses da religião aconselhavam.

Era Dom Manuel já idoso, mas não lhe impediu esse peso de aceitar a missão com ânimo firme e vontade inteira de servir a Deus. Logo, portanto, e em seguida à bula da criação, o Santo Padre Bento XIV expediu a de remoção de Dom Manuel, em 15 de dezembro de 1745.

Em abril do ano seguinte (1746), assinou Sua Majestade a ordem, que foi transmitida em aviso de 7 de agosto a Gomes Freire, a fim de ser prestado ao bispo de Mariana o auxílio de que precisasse, bem como as mesmas honras civis e militares, que se haviam determinado ao Governador Luís Vaía Monteiro,[37] assim como prestava aos bispos do Rio de Janeiro. Era essa uma questão fechada, que envolvia a dignidade dos dois poderes em uma época de controvérsias, quando os canonistas queriam que a autoridade dos reis fosse comparada à lua, recebendo sua luz do sol, que era o papa; e os publicistas régios, por seu lado, teimavam em ser

---

[37] Luís Vaía foi tão bravo que se ficou chamando o Onça. Daí o ditado "desde os tempos do Onça". (N.A.)

poderes iguais, não faltando quem sustentasse que a Igreja era inquilina do Estado. E de tal modo se apurava a questão que, por carta de 2 de junho de 1724, foi recomendado ao governador do Rio que não comparecesse às festas antes que fosse regulada a necessária pragmática por parte da mesma Igreja. Quanto à parte do Estado nessa mesma carta, se determinou que o bispo iria adiante de todos os representantes e funcionários temporais. Em juntas, teria o primeiro lugar, dando ao governador a sua direita. Todos deveriam ajoelhar-se em sua presença; e na rua, em vindo, todos deveriam parar até que passasse. Em visita aos governadores seria recebido no topo das escadas, seguindo à direita do mesmo governador, que teria todo o cuidado em deixar que o bispo entrasse, sempre primeiro, em qualquer das portas. Na sala ser-lhe-ia dado o primeiro assento, ficando o governador em cadeira defronte, mas não se assentando antes que o bispo lhe fizesse o gesto, assuntando-se ao mesmo tempo.

A visita ao bispo não se realizava sem dia e hora que o governador mandasse pedir por uma pessoa distinta, como seria o ajudante de ordens, o qual procuraria falar ao criado ou fâmulo principal do palácio e ao bispo anunciar o pedido.

Em Minas, a pragmática tinha, ademais, o que a praxe acrescentou, visto residir o bispo em Mariana e depender a visita da viagem. Aqui, os capitães generais, quando chegavam, tinham de ir, primeiro que a outra qualquer parte, fazer aquela vista. A regra mandava que fosse à cidade o ajudante de ordens.

Em Mariana, procurando o fâmulo e dado o recado, era bondade do bispo mandar que o mensageiro entrasse para sua sala particular ou gabinete, e aí, feitos os cumprimentos, entendiam-se de pé.

No dia aprazado, o capitão general partia cedo de Ouro Preto para chegar a Mariana entre meio dia e uma hora, com seu séquito, ajudante de ordens, oficial de gabinete, um esquadrão de cavalaria, batedores e cornetas. Assim que avistada ao longe a comitiva, repicavam os sinos da cidade, a cúria do bispo formava em alas à porta do palácio, todos vestidos em trajes de gala, roquetes e sobrepelizes, sendo abertas todas as salas até a do dossel, onde o bispo se achava. Aí, recebido à porta o capitão general, o bispo oferecia-lhe a melhor cadeira em frente à sua, onde ficavam sós. O pessoal do governador, como o do bispo, ficava de palestra em outras salas. Concluída a visita, vinha o bispo com o capitão general para a antessala, e aí recebia os cumprimentos e as despedidas, dando o anel a beijar à comitiva. Se, como era costume, o bispo, na véspera do dia marcado, mandava por um padre seu fâmulo carta, felicitando-se pela visita e convidando o capitão general a jantar no palácio, a pragmática alterava-se conforme as circunstâncias, visitando-se o seminário; e na mesa, em que brilhava a porcelana e talheres de prata, era servido lauto banquete, assentando-se, por ordem rigorosamente observada, os principais funcionários da Sé e do bispado.

À saída do governador, o bispo trazia-o até a porta da sala de espera; e os demais vinham até ao átrio da portaria, onde se faziam os cumprimentos finais. Na saída da cidade, porém, os sinos não repicavam; e era de estilo vir o secretário do bispado e os fâmulos mais graduados trazer o governador até o marco da cidade.

Mutatis mutandis, igual etiqueta observava-se quando o bispo tinha de pagar a visita. Obtido o dia e a hora em que o secretário do bispado vinha pedir ao capitão general, saía o bispo, de Mariana, em liteira, com seu luzido acompanhamento de oficiais eclesiásticos, trazendo batedores e um piquete de cavalaria, que lhe enviava o governador. Quando os sinos do Alto da Cruz davam sinal, os demais de todas as igrejas repicavam.

Sua Excelência Reverendíssima entrava acompanhado do clero e da nobreza, que lhe iam ao encontro no Taquaral; e, quando aparecia nas Lages, era saudado com uma salva de 21 tiros dos baluartes do palácio. Uma guarda de honra, postada na praça, fazia as continências. A entrada era pelo pórtico da frente, e o bispo apeava-se na porta à direita do pátio, onde o recebiam os oficiais do governo, enquanto o capitão general o aguardava no topo da escadaria.

Ao jantar, se havia, eram convidados os ministros, funcionários superiores e pessoas graúdas. Em suma, tendo-se observado todas as fórmulas da etiqueta, despedia-se o bispo com as mesmas honrarias, e, as mais das vezes, dispensando em meio caminho o piquete, regressava para a cidade.

Foi, portanto, a primeira coisa que se regulamentou essa das fórmulas com que se deviam encontrar as duas autoridades; e, como o capitão general tinha de ir a certas solenidades e festas da Sé, não foi menos escrupulosamente determinado que se cumprissem as formalidades prescritas em outras catedrais; e que Sua Excelência teria assento em cadeira de espaldar sobre um estrado de dois graus, ao lado direito, na entrada do cabido. Quando chegava à igreja, vinha o arcipreste, com o turno do dia, recebê-lo à porta, levando-o à capela do sacramento, e aí, feita a oração, era depois conduzido ao seu lugar.

II. Entrada – A Sé

Dom Manuel da Cruz, ainda que consternado por deixar a sua Igreja do Maranhão, partiu de São Luís no dia 3 de agosto de 1747, deixando já presente ali seu sucessor, Frei Francisco de Santiago; e veio hospedar-se nesse mesmo dia no Hospício do Bomfim, cá do outro lado, em terra firme. No dia seguinte, 4 de agosto, embarcou novamente e subiu pelo Itapicuru, jornada de 20 dias; veio saltar nas Aldeias Altas, onde se demorou 15 dias, à espera de cavalhada para sua condução. Continuando a viagem, chegou ao Piauí, onde se deteve por sete meses, enquanto durava a estação das águas. Assistiu Dom Manuel todo esse tempo no sítio de Canavieiras, pertencente ao Capitão-Mor Antônio Gonçalves Jorge, honrado fazendeiro, que liberalmente o agasalhou e a toda a comitiva. Por isso ser em começo de outubro, e como a permanência tinha de ser diuturna, Dom Manuel determinou horas certas de estudos e de exercícios. No oratório da fazenda, primorosamente ornamentado, celebraram-se as festas do Natal, da Quaresma e da Páscoa, às quais concorreu imensa multidão de fiéis que nunca tinham a elas assistido. Em Canavieiras, recebeu Dom Manuel cartas de seu novo bispado, conduzidas pelo minorista Alexandre Ribeiro do Couto. Por esse moço, resolveu Dom Manuel enviar procuração ao Doutor Lourenço José de Queirós Coimbra, vigário de Sabará, com poderes para tomar posse e governar o bispado até a sua chegada a Mariana. Viagem de quatro meses, por tempo e caminho calamitosos, o minorista a fez em dois; e no dia 2 de fevereiro de 1748 entregou em Sabará o expediente. Enviou o Doutor Queirós imediatamente um portador ao Rio a fim de pedir, por intermédio de Gomes Freire, as cartas e bulas apostólicas; mas o bispo do Rio não as quis entregar, pretextando ordem de só fazê-lo ao bispo de Mariana em pessoa. O Doutor Lourenço de Queirós não era, porém, homem para se prender em teias de aranha, e tomou posse em vista da resposta do mesmo bispo do Rio, que confessava estarem em seu poder as bulas, e também a carta do rei, comunicando a Gomes Freire a nomeação de Dom Manuel. A posse, pois, teve lugar no dia 27 fevereiro, às 4 horas da tarde daquele ano de 1748, festejada ruidosa e brilhantemente, com enorme concurso de povo, de clérigos e de pessoas notáveis das comarcas de Sabará e Vila Rica. Foi calculado que mil cavaleiros haviam entrado na cidade com o governador do bispado.

Dom Manuel partiu de Canavieiras no dia 22 de maio e chegou a Paranaguá, última povoação de sua primeira diocese, vindo acompanhado pelo ouvidor do Piauí e outras pessoas distintas, assim como de muitos que se alistaram para defender a comitiva contra os índios bravos e ferozes que infestavam a região, travessia essa que, ao demais, se tornou penosa, por adoecerem quase todos os familiares do bispo. Chegando ao Brejo do Lucas, e daí subindo a Serra da Boa Vista, Dom Manuel deitou os olhos às últimas terras do Maranhão e, lançando-lhes a benção, deixou para sempre a sua primeira diocese.

Do Lucas veio Sua Excelência à Barra do Rio Preto, lugar chamado Manga do Rio Grande, onde aquele deságua no São Francisco. Esse arraial pertencia ao bispado de Pernambuco. Ali fizeram os moradores tocantes festas em homenagem ao prelado; e, como tinha licença do respectivo colega, Dom Manuel, além de outros obséquios, ministrara o crisma a inumerável multidão de fiéis. Ali na Barra, Dom Manuel tomou barcas para continuar sua viagem e veio à Barra do Rio das Velhas, gastando 45 dias, mas nestes incluindo 15 que em vários pontos falhou para crismar. Nesse trajeto, a não ser por dois graves acidentes, a jornada teria sido de todo favorável. O primeiro se deu a 19 de agosto; estando o tempo sereno, rebentou de súbito uma tormenta, que com dificuldade deixou as barcas vencerem o canal e chegarem ao porto, duas léguas abaixo do Carinhanha. Aí chegando, porém, o furacão ainda fez pior, levantando vagalhões e deitando água por bordo, em que vinham Sua Excelência e as famílias. Foi necessário acudir-se a barca a pique de afundar-se, e tirar-se o bispo, que se salvou nas costas do Padre Antônio Soares Freire.

O segundo incidente foi que, antes de chegar a São Romão, Dom Manuel, que ali pretendia oficiar, adoeceu gravemente, sendo-lhes preciso sujeitar-se a quatro sangrias,[38] e assim veio até a Barra do Rio das Velhas, tendo recebido de todos os povoados de São Francisco, principalmente de São Romão, as mais sinceras e ternas manifestações. De Sabará enviaram-lhe uma comissão, pedindo-lhe que por ali passasse para descansar alguns dias, mas não atendeu, por querer evitar despesas aos moradores. Gomes Freire, então no Rio, ordenou ao Tenente-Ajudante Bernardo da Silva Ferrão, que por ele administrava em Minas, o maior aparato em receber o prelado; mas este, em resposta ao ofício do tenente, declarou que mais de perto avisaria o dia da chegada.

---

[38] Era a terapêutica do tempo. O Conde das Galveias, em uma carta a Martinho de Mendonça, dizia que estava doente e já tinha levado 18 sangrias (Carta da Bahia, de 29 de março de 1737). (N.A.)

Ainda muito doente, sem poder ir à igreja em Guaicuí, mas querendo satisfazer ao povo, consentiu que este, unida à pequena casa em que estava hospedado, construísse de improviso uma grande tenda coberta de palmas e cercada de folhagem, com altar, em que se celebrasse a missa e ele ministrasse o crisma a centenas de pessoas, com que se alegraram povos que nunca tinham visto e nem viram mais um bispo!

Partindo da Barra, ainda em convalescença, Dom Manuel tomou caminho para Itabira [do Campo, atual Itabirito]. Já não era possível que as pessoas do Maranhão e de Pernambuco teimassem em acompanhá-lo como até ali, e por isso despediram-se e regressaram, deixando-o comovido em lágrimas, dizem as *Memórias*.[39] Feita a longa viagem a cavalo, no dia 7 de outubro de 1748, dormiu Sua Excelência no sítio de Bento Gonçalves, três léguas adiante da Contagem, onde foi encontrá-lo o vigário de Itabira, Padre Antônio Carneiro Leão, que no dia 8 se adiantou da comitiva para lhe preparar a recepção no arraial; e esta foi estrondosa, como consta da ata que se lavrou no livro paroquial dessa época. De feito, no dia 10, diz a ata, o mesmo vigário e mais os Padres Antônio Coelho Teixeira, José da Costa e Manuel Gonçalves Torres, com grande acompanhamento de povo, dirigiram-se ao Pico e aí se encontraram com Dom Manuel. Nesse ponto, apeou-se Dom Manuel de seu macho e veio em uma rede até abaixo da Serra, atento ao mau caminho. Daí, tornando a montar no animal, entrou no arraial às 9 horas e três quartos da manhã do dia 10, aclamado por inumerável multidão de povo, homens, mulheres e crianças, que vieram com Sua Excelência até a casa do vigário, onde se hospedou. Às 5 horas da tarde, Dom Manuel foi à matriz, onde se cantou com música a ladainha

---

[39] No relato de viagem do primeiro bispo das Minas entre São Luís e Mariana, tristezas, alegrias e comoções tornam-se o efeito constante (contraditório e simultâneo) de partidas e chegadas da comitiva episcopal. A certa altura do percurso pelo interior da América, "Subiu Sua Excelência [o bispo] à eminência daquela serra [que servia de limite entre os bispados do Maranhão e de Pernambuco]; e descobrindo do alto dela muitas terras do Maranhão, lhe lançou a santa benção, deixando-o para sempre tão saudoso, que serão eternas naquele continente as suas memórias" (ÁUREO Trono Episcopal, *Revista do Arquivo Público Mineiro*, Belo Horizonte, v. 6, n. 2, abr./jun. 1901, p. 379-491). Editou-se o relato logo no início do episcopado de Dom Manuel da Cruz: SILVA, Francisco Ribeiro da. *Áureo trono episcopal, colocado nas Minas do Ouro, ou Notícia breve da criação do Novo Bispado Marianense, da sua felicíssima posse, e pomposa entrada do seu meritíssimo, primeiro Bispo, e da jornada, que fez do Maranhão, o excelentíssimo, e reverendíssimo senhor D. Fr. Manuel da Cruz, com a coleção de algumas obras acadêmicas, e outras, que se fizeram na dita função*. Autor Anônimo, dedicado ao ilustríssimo patriarca S. Bernardo [...]. Lisboa: Oficina de Miguel Manescal da Costa, 1749. (N. Coord.)

de Nossa Senhora, e fez uma breve alocução aos fiéis, agradecendo os obséquios que recebia e abençoando a todos.

Deteve-se o piedoso bispo em Itabira quatro dias, de quinta-feira até segunda, por se lhe agravarem os incômodos: e, pois, conduzido em uma cadeira de mão, neste dia, que se contava 14 do mês, às oito horas e um quarto, pôs-se a caminho e tomou pouso em Passa Dez, a um quarto de Vila Rica. Veio Sua Excelência sem dar aviso prévio, diz o cronista do *Aureo Solio*,[40] "para não dar lugar a excessivos gastos de pompa e lustre com que os habitadores daquele dourado empório da América costumam ostentar-se em tais funções, sem embargo de ser tanta a decadência do mesmo país, que por acaso se acha nele quem possa com o dispêndio necessário para conservação de sua pessoa e fábricas".

Foi a mesma razão por que, não obstante os pedidos dos habitantes de Sabará, deixou de passar por aquela vila, como também assevera o referido cronista, e já se disse.

Em Passa Dez, Sua Excelência recebeu a saudação das pessoas de Vila Rica e, no dia seguinte, 15 de outubro, acompanhado de luzido séquito e de um esquadrão de cavalaria, sendo conduzido na mesma cadeira, atravessou a vila e saiu a caminho da cidade, onde chegou às duas horas depois do meio-dia. As suntuosas, deslumbrantes festas desse incomparável acontecimento ficaram felizmente perpetuadas no *Aureo Solio*, narrativa calcada no estilo e grandiosa fantasia do *Triunfo Eucarístico*.[41]

De 16 de outubro a 23 de novembro ocupou-se Dom Manuel em receber visitas, que lhe vinham de todos os pontos do bispado, e, ainda assim, em tratar das coisas tendentes à instalação da Sé. Considerando-se já em condições de saúde mais vigorosa, determinou fazer a sua entrada solene, marcando o dia 24 de novembro. Durante os oito dias antecedentes, *saíam* (diz o cronista) *de tarde pela cidade toda várias máscaras, diferentes nos trajes e na "jocosidade dos gestos, as quais em graciosos bandos e poesias, que espalhavam ao povo, avisavam por célebre estilo a futura festividade"*.

Esta deveria ser, como foi, a maior que já se viu em Mariana, pelo aparato de figuras e carros triunfantes, e pelo concurso de gente que das mais longínquas paragens veio a ela assistir.

---

[40] ÁUREO Trono Episcopal. *Revista do Arquivo Público Mineiro*, Belo Horizonte, v. 6, n. 2, abr./jun. 1901, p. 397. (N. Coord.)

[41] MACHADO, Simão Ferreira. *Triunfo eucarístico, exemplar da cristandade lusitana em pública exaltação da fé na solene trasladação do diviníssimo sacramento da igreja do Rosário, para um novo templo da senhora do Pilar em Vila Rica* [...]. Lisboa: Oficina da Música, 1734. (N. Coord.)

O dia 24, porém, foi de chuva continuada, e só a 28, ainda que o tempo não tenha ficado limpo, a função teve lugar.

Dom Manuel transportou-se, então, para a igreja de São Gonçalo, onde deveria revestir-se. Ali já se achava a câmara, todo o clero e toda a nobreza, bem como o povo, apinhado em multidão nunca vista. As ruas ornaram-se de arcos, de jardins suspensos e das mais vistosas colchas e tapeçarias. Desfilaram por elas em procissão as irmandades, precedidas de figuras alegóricas, montadas em cavalos ricamente ajaezados e carros triunfais, conduzindo ora representantes bíblicos, ora divindades olímpicas, um cortejo, enfim, maravilhoso, que hoje se diria impossível de ser imitado, visto principalmente faltarem os ouropéis e utensílios de ouro e pedrarias, pompa que, mais para se ver que para imaginar, os festeiros puseram em ostentação. Para termos uma ideia do préstito, bom será que aqui se lembre a sexta figura: "levava na mão direita um bem imitado pelicano feito de cera, coberto de penas naturais e asas abertas, rasgando o peito e com três passarinhos vivos picando nele, armado tudo em um ninho de flores e de várias penas, do qual pendia o letreiro seguinte: 'Reficiam vos'".[42]

Conforme o ritual da Igreja, o bispo, depois de paramentado, dizia o cronista:

> Desceu Sua Excelência do trono e lhe tomou a cauda o Doutor José Antônio de Oliveira Machado, ouvidor desta comarca, até chegar à porta, onde estava preparado um formoso cavalo branco, coberto todo de damasco branco, guarnecido de galão, franja e bolas de ouro. Sustentava o estribo da parte direita o Doutor Luiz Cardoso de Mertelo Corte Real e Cunha, provedor da Fazenda Real de Vila Rica, e, de outra parte, o Doutor Domingos Pinheiro, intendente da Real Fazenda desta cidade. Governavam os dois fiadores Antônio de Sousa Machado, secretário de Estado, e o Coronel Caetano Álvares Rodrigues, cavaleiro de Cristo, todos de conhecida nobreza, além dos empregos que os fazem distintos. Posto Sua Excelência a cavalo, se encaminhou debaixo do pálio, em cujas varas pegaram seis cidadãos que tinham servido de vereadores da câmara desta cidade e eram o Guarda-Mor Maximiniano de Oliveira Leite, cavaleiro professo de Cristo, Doutor João

---

[42] Em português: "Eu vos aliviarei". Essa inscrição foi reproduzida no frontispício do templo de Nossa Senhora das Mercês (de cima), em Ouro Preto. Conforme uma antífona: *Venite ad me, omnes qui laboratis et onerati estis, et ego reficiam vos* (Mateus, 11:28). (N. Coord.)

Dias Ladeira, Capitão Antônio Conçalves Torres, Capitão Bento Lopes de Araújo, João Pinto Álvares de Carvalho e o Licenciado Bernardo da Costa. Apeou-se Sua Excelência na parte da Sé, servido da mesma forma... Logo o reverendíssimo doutor governador lhe administrou o aspersório e depois a navícula e o incensou três vezes; e cantando-se o *Te Deum* foi acompanhado debaixo do pálio à capela do Sacramento, e desta à capela-mor, onde, estando no genuflexório, se lhe entoaram as costumadas antífonas e versículos do pontifical romano. Subiu ao trono e recebeu geralmente a obediência de todo o estado, assim eclesiástico, como secular... etc....

* * *

O rei, por ordem de 2 de maio de 1747, lhe concedera autorização para nomear, independentemente de apresentação, os primeiros cônegos e funcionários da Sé; o que Dom Manuel fez, no dia 27 de novembro, nomeando:

Arcediago, Doutor Geraldo José Abranches.
Arcipreste, Doutor José de Andrade Morais.
Chantre, Doutor Alexandre Nunes Cardoso.
Tesoureiro-mor, Doutor João de Campos Torres.
Doutoral, Doutor João Martins Cabrita.
Magistral, Doutor João Rodrigues Cordeiro.
Mestre em Artes, Padre Manuel Ribeiro Soares.
Mestre em Artes, Padre Vicente Gonçalves Jorge de Almeida.

Penitenciários:

Padre Simão Caetano de Morais Barreto.
Padre Antônio Freire da Paz.
Padre Francisco Xavier da Silva.
Padre Francisco Ribeiro da Silva.
Padre Francisco Gomes de Sousa.
Padre Domingos Fernandes de Barros.

Capelães:

Mestre de Cerimônias, Padre Caetano José.
Mestre de Cerimônias (do cabido), Padre Francisco Cardoso de Faria.
Subchantre, Padre Floreano de Toledo Piza.
Mestre da Capela, Padre Gregório dos Reis Melo.

Organistas:
Padre Manuel da Costa Dantas.
Padre Simão Peixoto de Faria.
Padre João Coelho Gato de Amorim.
Padre Antônio Neto da Costa.
Padre Rodrigo de Faria Peixoto.
Padre José da Cunha Nogueira.
Padre Antônio de Faria Mendes Carneiro.
Padre Domingos Martins Xavier.

Os cônegos, no dia 6 de dezembro, reuniram-se no palácio, na sala do dossel, onde receberam a colação dos benefícios e prebendas, e no dia 7 foram à Sé e tomaram posse de suas cadeiras. Finalmente, no dia 8 de dezembro de 1748, o maior dia que foi de Mariana, festa da Imaculada Conceição, instalou-se solenemente a catedral com a missa cantada pelo arcediago.

Ainda que presente, Dom Manuel não pontificou, apesar da tradição; porque o primeiro pontifical celebrado por ele foi na festa da Assunção, padroeira do bispado, no dia 15 de agosto de 1749.

III. Luta com o ouvidor e com o cabido

Dom Manuel, que, como vimos, preencheu as cadeiras do cabido com sacerdotes de sua livre e única eleição, estava no direito de esperar um episcopado tranquilo e bem servido. Eram cônegos, sacerdotes na maior parte formados em cânones, no caso de ajudarem o prelado a organizar o bispado e a vencer as dificuldades e desordens inveteradas, que bem podemos calcular em vista dos precedentes. Mas, por dolorosa surpresa, viu-se o bispo com as criaturas revoltadas, e de tal modo, que a sua história foi a de uma luta escandalosa e continuada.

Tinha o piedoso prelado escolhido para vigário geral o Doutor José dos Santos, seu amigo de confiança; e pelo muito que este reverendo afrontou as iras de seus inimigos, parece-nos, com efeito, ter sido um homem de vida limpa, acima de toda maledicência; mas de excessiva energia, infelizmente; um coração sem medo, mas impetuoso. Ao mesmo tempo que lutava com os cônegos da Sé em plena afoiteza, não recuava diante do Ouvidor e Juiz da Coroa Doutor Caetano da Costa Matoso, que personificava o elemento secular envolvido e aliado à oposição clerical contra o bispo. A luta com o ouvidor caracterizou-se pelo capricho com que este dava provimento a todo e qualquer agravo do Juízo eclesiástico; e o primeiro golpe da guerra foi o ato de mandar prender o meirinho geral da igreja, ato de que se queixou o bispo ao Rei Dom João V, alegando estar o preso mais de quarenta dias no cárcere, sem culpa formada, e o tribunal eclesiástico sem porteiro para o expediente. Igualmente, como o vigário geral não informou no devido prazo a certo recurso, vibrou-lhe o ouvidor a multa de 200$000 réis, e na contumácia impôs-lhe temporalidades, como era de lei e vimos anteriormente, em virtude das quais também constrangidamente o vigário cedeu.

O Doutor Matoso, ademais, não perdia tempo. Como soube que o escrivão do Juízo eclesiástico, José Pires dos Santos, estava no partido dos cônegos contra o vigário geral, animou-o na oposição. O vigário, de sua vez, porém, como sabia que o escrivão era um grande relapso, deu-lhe de surpresa no cartório e achou-lhe culpas sobre erros de ofício, pelos quais o suspendeu e o intimou a se defender em processo. O escrivão recorreu desses atos ao Juízo da Coroa, do que veio a desistir por não se julgar forte com a justiça; mas o Doutor Matoso o instigava a continuar com o recurso para o desembargo do Paço da Bahia,[43] ao mesmo tempo que levava ao conhecimento do rei ter o vigário geral feito aquela diligência como de mão armada ao cartório. Informando-se disso, Sua Majestade veio a inteirar-se de que tal conta do ouvidor era afetada, visto o vigário geral e os oficiais terem procedido, pelo contrário, com toda modéstia e brandura. Irritado, pois, com o procedimento do Doutor Matoso, o rei, tendo ouvido os procuradores da Fazenda e da Coroa, ordenou a Gomes Freire, governador do Rio e de Minas, que chamasse a sua presença e o repreendesse pública e severamente pelos excessos e contas que havia dado contra o bispo, tendo a ousadia de pôr, na sua real presença, em relação ao prelado. Igualmente que advertisse a esse juiz que não podia tomar conhecimento de recursos por fatos e pessoas de outra jurisdição e ordenava, por último, que se registrasse essa ordem na ouvidoria, e fosse remetida à Secretaria do Conselho Ultramarino certidão de assim o haver executado.

Por uma outra carta, de 17 de abril de 1752, ordenou Sua Majestade que se estranhasse ao Juiz Matoso a multa infligida ao vigário geral, e as temporalidades, mandando, em consequência, anular esses atos.

---

[43] O autor referiu-se ao Tribunal da Relação, sediado em Salvador, ao qual se recorria como segunda instância da justiça régia na América portuguesa. (N. Coord.)

Entretanto, e por outro lado, o rei dizia ao bispo:

> Me pareceu dizer-vos que nenhuma razão tendes, nem o vosso vigário geral, em não aceitardes as cartas que se vos intimaram para responderdes aos recursos; e remetereis os autos com pretexto de não irem os autos próprios de recursos, como se dispõe na ordem de 9 de setembro de 1749, cujo verdadeiro fim foi evitar demoras, permitir aos juízes da Coroa que seus ajudantes preparem os ditos autos e mande este responder nos recorridos por seus despachos, como se pratica na Relação do Porto, devendo, preparados assim, mandarem-se passar cartas por não haver descaminhos nos autos próprios; nem a ordem os necessita, mas lho permitem, e os recorridos devem obedecer, e não resistir, continuando as opressões. Nem tendes razão na queixa sobre temporalidades e custas aos oficiais, por se mostrar que, sendo-vos intimada a carta com assento a favor do carcereiro dessa cidade, e esperados meses para a cumprirdes, o não executastes, em cujos termos foi legal o procedimento do juiz da Coroa, que, logo que a cumpristes, as levantou; e nem o mesmo juiz obrou mal em mandar soltar o bacharel Jorge de Abreu em execução de outro assento a que faltastes, retendo-o na prisão indevidamente, que vos contenhais e os vossos oficiais nos limites da vossa jurisdição, evitando usurpações de real.

Nessa carta recomendava também Sua Majestade ao bispo que não deixasse de responder às rogatórias do Juízo da Coroa e que remetesse os autos nos devidos prazos e que cumprisse e executasse os assentos do mesmo Juízo.

Pelo exposto, vemos a dissensão que logo surgiu entre os dois Juízos e as péssimas relações que se desataram entre os dois poderes.

Dom Manuel, por tudo quanto dele sabemos, foi na realidade um santo; mas, talvez por isso mesmo, de boa fé excessiva. Sem forças para transformar de súbito a sociedade, e sobretudo o seu clero, via-se obstado em suas disposições pelos recursos ao Juízo da Coroa; e, como percebeu no ouvidor o propósito de contrariá-lo e de ser exigente, capacitou-se de estar sendo desconsiderado e deixou o vigário geral com carta branca para medir espadas com tal ministro.

O insurgimento dos cônegos, por sua vez, é coisa que não se explica a não ser por motivos íntimos e menos claros que os pretextos. No cabido ajuntaram-se clérigos de diversas procedências, desconhecidas, que parece terem vindo para Mariana à cata das dignidades e dos benefícios, mostrando-se desde logo indisciplinados e soberbos.

Em 5 de agosto de 1752, o bispo dirigiu uma carta ao cabido, solicitando-lhe aprovação de dois examinadores sinodais, que havia nomeado, o Padre Doutor Amaro Gomes de Oliveira e o Doutor José dos Santos, que já eram, aquele, provisor, e este, vigário geral do bispado. Eram ambos perfeitamente idôneos, sacerdotes ilustrados. Convocado, porém, o cabido contestou a carta do bispo, declarando que ia primeiro examinar a matéria em direito. Já era, como se compreende, uma provocação. E, de fato, se o bispo é o mestre da Igreja, e como tal instituído, não podia tomar a bem que subalternos, duvidando de sua autoridade, quisessem examiná-lo. O que pedia o bispo era que aceitassem ou não as pessoas indicadas.

No dia 6, à noite, o meirinho geral do bispado entregou ao secretário do cabido uma segunda carta, que foi aberta em sessão do dia seguinte pela manhã. Nela o bispo insistia por que dessem resposta à primeira. Os cônegos, estranhando que Sua Excelência não lhes desse tempo de consultar autores, mas alegando que, no rápido exame que fizeram, reconheceram que não deviam aprovar os provisionados, assim o comunicaram, visto não darem seu assentimento a tais nomeações. Em consequência, a discórdia declarou-se, e começaram os debates.

Dom Manuel, no louvável propósito de fundar o Seminário e entregá-lo à direção dos jesuítas, tinha estes morando no palácio, à espera da instalação, e o Padre Manuel Nogueira; também ali residiam dois clérigos seus sobrinhos. A maledicência assoalhava que estes dominavam o tio; e o rei chegou mesmo a pedir informações a esse respeito.

Era natural que, doendo-se da guerra que faziam a seu velho parente e protetor, esses moços lhe enchessem os ouvidos com sobras, pelo menos, dos boatos e da intrigalhada. Por outro lado sabemos que os jesuítas, com o seu espírito de combatividade, eram intransigentes e não admitiam que a autoridade do bispo estivesse sujeita, em condição nenhuma, a poder que não o do papa.

Em janeiro de 1753, procedendo-se também no cabido à eleição de dois ajudantes sinodais, que foram o Doutor Abranches e o Cônego Barros, inimigos do bispo, este não os aprovou.

Mas, se essa era a situação interna da Igreja, ao exterior não se mostrava menos irritante. Os seculares, conquanto a parte melhor fosse pelo bispo, a maioria se mostrava a favor dos cônegos, incluindo-se nesta as autoridades civis. Com o exemplo do Ouvidor Matoso, que estava a concluir o seu triênio, é possível que se agravassem as discórdias, pois vemos o juiz de fora, bacharel Francisco Ângelo Leitão, nada menos que excomungado, sendo-lhe necessário que o patriarca de Lisboa avocasse a causa para absolvê-lo.

Um outro ouvidor, o Bacharel Manuel da Costa Machado, publicou editais para que os opositores a paróquias fossem habilitar-se na Mesa de Consciência – um disparate que Dom Manuel contrariou com toda a energia e que ficou sem efeito pior que o acinte. Entretanto, Dom Manuel, que veio encontrar em Minas apenas 16 paróquias, e estas extensíssimas, tratou de criar curatos, em que pôs capelães para dizerem missa e ministrarem sacramentos, sacerdotes que deviam ser pagos pelos párocos por conta das conhecenças, ao que se opuseram estes com todas as forças e desobediência.[44] Negócio, porém, que tomou proporções foi não querer Dom Manuel colar na paróquia de São João del-Rei o padre Matias José Salgado, não obstante a apresentação; negativa com que o rei se conformou, depois de explicada a razão, que era para não obstar a divisão daquela imensa paróquia; e tanto que, feita a divisão, não houve dúvida em ser colado o mesmo padre.

Os párocos dirigiram ao rei uma queixa, dizendo que, entre as mais vexações que o bispo lhes impunha, estava aquela de pagarem os capelães por conta das conhecenças e usarem de termos descompassados. O rei, porém, sustentou o bispo, dizendo que, se os capelães eram postos para fazerem o serviço que eles [párocos] não podiam executar em freguesias tão extensas, era justo que recebessem o imposto que os fiéis da localidade pagavam para terem missa e sacramentos.

Em carta régia de 27 de outubro de 1758 vem a propósito demonstrar a irreverência dos párocos.

IV. Questão do Padre Amaro

Nenhum conflito, porém, estalou, que chegasse às proporções do que sucedeu com o Doutor Amaro Gomes de Oliveira. A questão começou, como se vê no seguinte tópico do acórdão de 15 de abril de 1751:

> O cabido foi convocado para o efeito de tomar resolução sobre ser ou não ser admitido o padre Doutor Amaro Gomes de Oliveira, que consta vir provido no canonicato e prebenda, cuja apresentação ainda se acha em seu poder, oculta. Resolveu-se

---

[44]O processo legítimo de colação do clérigo era o seguinte: o patrono – o rei –, com seus privilégios de padroado nos territórios coloniais, apresentava o opositor, ou candidato a pároco (beneficiário), e o bispo o colava, isto é, provia-o na função do benefício. (N. Coord.)

> unanimemente que não devia ser colado nem instituído e que, se colado fosse, não se lhe devia dar posse em cadeira alguma por causa de ser tido e havido, e igualmente reputado por homem que tem a fama de infecta nação, juntamente por ser revoltoso, orgulhoso, perturbador da paz, como em todo este bispado é notório e constante, além de padecer outros mais defeitos, que o fazem indigno de entrar em tão grave comunidade, os quais, sendo necessário, se manifestarão.

Esse acórdão está assinado pelos Reverendos Chantre Doutor Alexandre Nunes Cardoso, Arcediago Geraldo José Abranches, Tesoureiro-Mor João Campos Torres, Magistral João Rodrigues Cordeiro, Arcipreste José de Andrade Morais e Cônegos Vicente Jorge Gonçalves de Almeida, Simão Caetano de Morais Barreto, Antônio Freire da Paz, Francisco Xavier da Silva, Francisco Gomes de Souza e Domingos Fernandes de Barros: ao todo 12, tendo faltado à sessão apenas um, e havendo uma vaga.

O Doutor Amaro Gomes era sacerdote natural da América, e aqueles bons lusitanos se horrorizavam de admitir em tão grave comunidade um homem que bastava ter fama de infecta nação. Para completar os escrúpulos de tão conspícuos puritanos, cabe aqui antecipar a matéria do acórdão de 9 de novembro de 1763, quando o cabido rejeitou a provisão episcopal, nomeando José Alves Lopes porteiro da massa. Entre outras razões, lê-se:

> E porque no suplicante concorre o defeito de ser casado com mulher parda, e semelhantes pessoas não são admitidas em irmandades de brancos, inda que ordinárias, nem nas Ordens Terceiras, nem ainda para porteiro da câmara, que serve só para tocar sino e levar recados, muito menos deve ser admitido o suplicante à ocupação em que foi provido, para levar adiante do cabido a insígnia do mesmo nas funções do culto divino; e à vista do mesmo se assentou que o reverendo procurador deste cabido faça os requerimentos necessários a fim de suspender a provisão; cujos defeitos provavelmente Sua Excelência ignorava.

Esse acórdão está assinado pelo chantre, pelo magistral, pelos mais Cônegos Paz, Silva, Souza, Barros, e pelo Doutor Inácio Correia de Sá, o mais novo na Sé a esse tempo, ao todo 7.

Segundo o direito, o rei apresentava, o bispo colava e o cabido empossava os cônegos. Para se evitar, porém, qualquer discussão ou conflito, adotou-se a praxe que se pusessem as cadeiras vagas em concurso. O bispo formava uma lista de três com os candidatos aprovados, dando as devidas informações; e o rei que escolhesse dos três o que lhe aprouvesse. Por esse modo, vê-se que, feita a apresentação, a colação e a posse eram termos consecutivos, esperados virtualmente; desde que o bispo, enviando a lista, concorresse para a apresentação, que era direito, aliás, exclusivo do rei, e obrigava-se por esse modo a colar o escolhido, que era direito exclusivamente seu.

O cabido, porém, vendo que não convinha entrar para a Sé o Doutor Amaro, por ser este partidário caloroso e fanático do vigário geral, reuniu-se para cevar a paixão que ressalta desse acórdão, precipitando mesmo as hostilidades.

É certo que o cabido podia embargar a posse de qualquer cônego se alegasse nulidades do concurso ou inabilidades do apresentado; mas declinando fatos, e nunca por arguições vagas e não provadas. Por isso, o Doutor Amaro, comparecendo à Sé para tomar posse, foi, irregularmente, privado do seu direito, visto não terem os embargos sido convenientemente interpostos nem recebidos pelo Juízo eclesiástico. O vigário geral havia exigido que fossem articulados com defeitos e inabilidades positivas e determinadas, coisa que os embargantes não tinham feito.

Em consequência, os cônegos se reuniram de novo e, com igual, senão mais exaltado, mau humor, deliberaram recorrer ao rei, com alegações declamatórias, sem indicação concreta de nulidades ou defeitos. Vindo ao bispo a representação, informou ele a Sua Majestade que, se no Juízo eclesiástico se deixou de processar a impugnação, foi porque veio feita de maneira propositalmente estudada para perpetuar a questão com chicanas, querendo os cônegos embaraçar a posse por tanto tempo para que o Doutor Amaro, enquanto vivesse, não chegasse a ocupar sua cadeira na Sé. E, pois, para atalhar semelhante injustiça, rogava ele bispo a Sua Majestade que houvesse por bem ordenar diretamente a posse; porque, segundo a paixão e o ardor de alguns capitulares, temia ele bispo ser desobedecido, dando lugar a distúrbios.

Por seu lado, o cabido queixou-se ao rei que, tendo pedido vista do processo da apresentação para obstar o ingresso do Padre Amaro, havia requerido ao prelado que nomeasse um ministro insuspeito, que não o vigário geral, para deduzirem perante aquele os impedimentos e as inabilidades do dito padre: o que o bispo não deferiu por meios competentes, começando por não querer sustar a posse até que Sua Majestade resolvesse (sic).

O Padre Amaro também, por seu lado, apresentou a Sua Majestade, expondo a injustiça que lhe faria o cabido e alegando que havia servido mais de dezenove anos a Vila Rica, sem que na mais leve censura de seus superiores houvesse incorrido, razão pela qual Dom Manuel o havia recomendado à benevolência real.

Em consequência, o rei, tendo feito examinar a causa e não achando razão nos cônegos, determinou, por ordem de 17 de novembro de 1751, que o cabido desse posse ao Padre Amaro, por ele, como padroeiro, legitimamente apresentado. O cabido, porém, ainda recalcitrou e não quis obedecer, deliberando não embargar a posse no Juízo diocesano, mas mandar embargá-lo na Mesa de Consciência; e para isso nomeou, em sessão de 5 de setembro de 1752, procuradores o Reverendo Arcipreste Doutor José de Andrade Abranches, que iria à Corte para esse fim, e também os Doutores Manuel Monteiro do Rio e Antônio Francisco de Carvalho, residentes estes em Lisboa; e altas dignidades eclesiásticas, nessa mesma ocasião, responderam ao rei, expondo esse novo recurso e pedindo a Sua Majestade que houvesse por bem suspender a posse até final solução do embargo.

Igualmente pediram a Sua Majestade que, visto não terem eles cônegos mais que a côngrua, insuficiente para suas primeiras necessidades, se dignasse de impetrar por eles, do Sumo Pontífice, uma bula tendente a livrar o cabido da obrigação de admitir em seu seio dignidades ou cônegos que antes não justificassem, independentemente dos bispos, o seu merecimento por inquirições de *genere, et vita, et moribus*,[45] de modo a não suceder o que se estava experimentando com o Padre Amaro, que queria ser cônego, não obstante as inabilidades do sangue, de vida e de costumes.

As côngruas realmente eram mesquinhas. Arcediago, a maior dignidade, recebia 112$000 por trimestre; as mais dignidades, 90$000; e os cônegos, 67$500. Para ajuda de custo ao Arcipreste Doutor Abranches,

---

[45] No Arquivo Eclesiástico da Arquidiocese de Mariana, o catálogo *De Genere* registra os processos de ordenações, conhecidos como *De genere et moribus*. São documentos referentes às investigações sobre a procedência, a idoneidade e a conduta moral do pretendente às ordens sacras e ao presbiterato. São três tipos de autos a respeito do candidato: *de genere, de vita et moribus* e de *patrimonio*. O primeiro informa sobre a identidade, a filiação e a naturalidade; o segundo é um inquérito sobre os costumes e a moralidade; e o último procura determinar a condição financeira do futuro clérigo. O catálogo apresenta outras duas (sub)séries documentais: os processos de apresentação (308 documentos) e os processos de oposição (234 documentos). No total são 3.834 documentos: o registro mais antigo da série "processos de ordenações" data de 24 de setembro de 1725, e o mais recente é de 28 de setembro de 1990. (N. Coord.)

que foi a Portugal, os reverendos capitulares concederam-lhe cada um a importância de um trimestre.

A todas essas queixas e manobras despachou o rei, impondo terminantemente que se cumprisse a sua ordem de 21 de novembro de 1751 [sic], nova intimação que se expediu em 20 de maio de 1753, ao mesmo tempo que ao Juízo da Coroa veio positiva ordem de, no caso que os cônegos não dessem a posse, intervir e empregar a força, para dá-la *manu militari*.[46] O cabido, porém, diante disso encolheu-se, e o Doutor Amaro, estando no ato o presidente do cabido, sem os mais cônegos, foi recebido e assentou-se no coro. Venceu; mas foi como um incêndio que pegava na Sé.

V. Festa dos Três Corações

Nesse meio tempo em que fervia a questão do Padre Amaro, outras surgiram, e uma principalmente, que, se não foi igual à d'*O Hissope* na igreja de Elvas,[47] é que em muito maior tomo se registrou. Pelo modo como foi descrita na ata capitular de 9 de outubro de 1752, os cônegos revelaram a irritação em que estavam os ânimos, trazendo-nos a vantagem dos pormenores que se deram. Diz a ata:

> O cabido estava na posse pacífica de fazer por seus capitulares, por turnos, todas as funções e solenidades de vésperas, missas e outras, não só na catedral, mas em toda a freguesia da Sé. Não obstante, porém, essa posse, na tarde do dia 7, sem se pedir o consentimento do cabido, depois de vésperas solenes, em que se celebrou o patrocínio de São José, se fez, com autoridade e assistência do senhor bispo, a função solene da colocação dos Santíssimos Corações de Jesus, Maria e José, com pluvial, incenso e as mais cerimônias e cantorias prescritas no livro que trata dessa

---

[46] Em português: "com poder militar". (N. Coord.)

[47] O caso se refere aos atritos ocorridos, em 1768, entre o bispo de Elvas, na cidade portuguesa, Dom Lourenço de Lencastre, e o deão (que presidia o cabido), José Carlos de Lara, que reagiu ao costume rotineiro de oferecer o hissope ou o aspersório (para aspergir ou borrifar água benta) ao bispo quando este se dirigia à Sé. A querela se arrastou por anos, envolvendo autoridades eclesiásticas e civis, sendo acompanhada pelos moradores de Elvas e pelo magistrado Antônio Diniz da Cruz e Silva, que escreveu e reescreveu o poema heroico-cômico *O Hissope*, até 1799, ano de sua morte. Satirizando os modos e as vaidades eclesiásticas, o poema tornou-se conhecido, chegou a ser proibido e recebeu posteriormente algumas reedições. (N. Coord.)

devoção, tendo já o reverendo cabido incensado o altar do mesmo santo, onde se acham colocados [os corações], ao *Magnificat*[48] das mesmas vésperas.

Os novos atos foram praticados com tal desatenção e desprezo do cabido, que se esteve esperando que os capitulares se retirassem para suas casas e então viesse o senhor bispo com o seu copioso acompanhamento de pessoas distintas, convidadas pelo vigário geral, de quem era a festa, de que resultou grande escândalo por saberem todos que não foram convidados os cônegos.

Até este ponto a ata apenas refere a função do dia 7; mas daí, passando a narrar os sucessos do dia 8, evidentemente dissimula a verdade no ponto em que justifica haver antecipado a hora de começar o coro. Disseram os cônegos que haviam feito com a intenção de dar tempo a se incluir em meio dos ofícios a festa da colocação dos corações; mas a verdade é que o pensamento foi de, antes, prejudicarem essa solenidade. Tanto que, quando o bispo chegasse com o seu acompanhamento e com o vigário geral, já estivesse passada a hora, e assim ficasse diminuído o esplendor da cerimônia, que devia caber na ocasião da missa cantada. O vigário geral, porém, que tinha uma excelente polícia na mesma Sé e foi logo avisado, comunicou ao bispo a irregularidade da hora; e este, imediatamente, por seu secretário, mandou intimar os capelães a saírem do coro, e com isso os cônegos lá ficaram sós, a cantar e a concluir as horas canônicas. Estava-se então no introito da missa.

Acabada que foi esta e concluindo o serviço do coro, os Cônegos se retiraram. Daí a pouco, porém, chegou o bispo com todo o seu pessoal e muitos curiosos, mandando logo o seu caudatário, Padre Antônio de Araújo, que se revestissem com os ornamentos ricos somente aos cônegos reservados e cantasse uma outra missa no altar-mor, também privilegiado. Além disso, mandou introduzir no coro, com os capelães,

---

[48] *Magnificat* é um cântico entoado ou recitado na liturgia dos serviços eclesiásticos cristãos. O texto do cântico vem do Evangelho segundo Lucas, ditado pela Virgem Maria na ocasião da visitação de sua prima Isabel. É recitado na Liturgia das Horas, nas Vésperas e nas Matinas de domingo. O culto de Frei Manuel da Cruz aos sagrados corações pode ser observado na sua disposição testamentária: a celebração de "200 missas [por sua alma] no altar privilegiado dos Corações de Jesus, Maria e José, da catedral, de esmola de uma oitava" (TRINDADE, Raimundo. *Arquidiocese de Mariana: subsídios para a sua história*. São Paulo: Escolas Profissionais do Liceu Coração de Jesus, 1928, v. 1, p. 178). (N. Coord.)

os padres Manuel Pereira de Pinho e Francisco da Cunha, além dos seminaristas. E assim se fez a festa com pessoal todo estranho ao cabido, e sem atenção alguma aos privilégios e usos, como aos parâmetros e símbolos pertencentes à corporação capitular.

Despeitados por tantas desatenções, os cônegos, em sessão capitular do dia 9 (outubro de 1752), apelaram *ante omnia et post omnia*[49] para a Relação Metropolitana [do arcebispado] da Bahia e deram procuração ao Doutor João Dias Ladeira, a João da Silva Pereira, e aos requerentes Miguel Peixoto de Araújo e Manuel Gonçalves da Veiga para interporem, no Juízo eclesiástico, em audiência daquele mesmo dia, a apelação e pedirem vista do termo autuado para a fundamentarem.

Nessa mesma sessão, acordaram os cônegos que se dirigisse uma nova representação a Sua Majestade, com todas as circunstâncias e bem justificada, pedindo as providências que fossem de justiça. Contudo, porém, e por assim o pedir a veneração que deviam ao excelentíssimo prelado, e por ser de direito canônico, diz a ata: "lhe dirigisse o cabido primeiramente uma carta e politicamente lhe pedisse, *pro bono pacis*, inteira satisfação e restituição de tudo em que se achava prejudicado".

Se o bispo não respondesse, fizessem-lhe segunda e terceira; e se ainda com esta não se movesse, o cabido usasse dos meios que julgasse competentes.

Em 31 de outubro, Dom Manuel respondeu à segunda carta, dizendo que, visto terem levado para o foro a questão, aguardassem a solução.

No dia 4 de novembro, em sessão capitular, o procurador do cabido, Cônego Francisco Ribeiro da Silva, deu conta que, em virtude de mandato, indo à audiência, fez o requerimento, que mandou escrever; mas depois verificou ter sido este falsificado no protocolo, visto lhe acrescentarem, por ordem do vigário geral, "que a apelação se devia entender somente quanto às censuras, e não a respeito de outros procedimentos".

Ora, tendo ele procurador, como podia testemunhar com os que estavam presentes e ouviram o requerimento e o seu deferimento, dito uma coisa e estando escrito o inverso, assim comunicava ao cabido para tomar as providências que lhe aprouvessem.

O cabido, que já andava em fúrias, mostrou-se ainda mais apaixonado. Pelo acréscimo, *ficando livre outro qualquer procedimento*, deixava-se

---

[49] Em português: "Antes e depois de todas as coisas". (N. Coord.)

em pé e em prosseguimento o auto, que o vigário geral havia mandado lavrar, como desacato ao culto divino e ao bispo, do adiantamento da hora do coro no dia 8, a fim de serem responsabilizados no Juízo eclesiástico quatro dos reverendos cônegos: auto que serviria de corpo de delito.

O procurador do cabido foi de parecer que o vigário geral com isso havia feito gravíssima injúria ao cabido, e assim o entenderam os cônegos. Deliberaram, portanto, depois de tomarem pareceres de fora, insuspeitos, sobre o que fosse conveniente fazer, dirigirem ao bispo em requerimento, a fim de ser nomeado em juiz *ad hoc* para tomar conhecimento das causas que iam intentar contra o vigário geral e seu escrivão.

Votando-se por unanimidade essa parte, o mesmo Cônego Ribeiro propôs que se pedisse também ao juiz para conhecer da causa que se deveria promover contra o caudatário Antônio de Araújo, por estar aconselhado a fazer, como fez, ao corpo capitular, a gravíssima injúria de se atrever a revestir-se com os ornamentos ricos e a cantar missa no altar-mor, vindo para isso deputado com ânimo injurioso, como inimigo capital do cabido. O mesmo se devia requerer contra os capelães que serviram de diácono e subdiácono.

O bispo, como era de se esperar, indeferiu tais requerimentos; pelo que voltaram os cônegos ao cabido; em sessão capitular discutiram e tais coisas pronunciaram, que está cancelada no livro a ata desse dia, e de tal modo borrada, que nenhuma letra aí se consegue perceber. Muitos entendem que os próprios cônegos, caindo em si de arrependidos por tantos impropérios ao prelado, tenham feito esse corretivo de seu ódio; mas também é possível que, arrefecidos os ânimos, depois da morte do bispo, os amigos tenham querido apagar memórias de tão tristes passagens. O que podemos averiguar, entretanto, é que a tinta da cancela não é igual e parece de fato mais nova que a da escrita – circunstância esta que concorre para a segunda hipótese.

Irritados com o indeferimento, os cônegos fizeram novas queixas ao rei. Mas este, afinal, já não sabendo o que fazer e estando com as secretarias em confusão para atenderem as representações que de uma e de outra parte subiam, ao passo que também na Corte ferviam notícias e relações as mais desencontradas, houve por bem mandar ao cabido o aviso de 31 de dezembro de 1754, dizendo: "Sua Majestade me ordena avise a Vossa Senhoria que será de seu real agrado que viva em paz e sossego com seu prelado, guardando o decoro e respeito devido a seu caráter".

Ao bispo na mesma data oficiou o rei, dizendo-lhe que, para atalhar as desordens de seus súditos, usasse de prudência, caridade e amor paternal, influindo o mesmo espírito em seus ministros e párocos e cooperando para a paz e a união com seu cabido.

Esse passo do rei é prova inequívoca dos embaraços em que se via. Sem embargo, do muito que lhe merecesse o bispo e do mais que sabia da indisciplina do clero, não havia negar como seu espírito se achava perplexo diante das paixões e do orgulho que de lado a lado se debatiam, sendo o bispo arrastado no turbilhão. No ofício ao bispo dava Sua Majestade a entender que estava nas mãos dele, bispo, conter os seus ministros e párocos, por cuja culpa se achava desviado da paz e da caridade.

Para Lisboa tinha ido o Presidente Andrade Morais, e com certeza informou a seu jeito; mas, vendo que o rei não se abalava contra o bispo, acertou por melhor não voltar a Mariana e deixar-se ficar em tranquilidade, provido na abadia de Quintela, modesto mas cômodo benefício no patriarcado.

O outro procurador do cabido, Doutor Manuel Monteiro do Rio, arcipreste da Sé Primacial de Braga e banqueiro da Casa Real, cargo este que lidava com os dinheiros do rei e que, portanto, exercia grande influência na Corte, foi quem o persuadiu a este resultado, visto ser dificílimo conseguir uma franca decisão contra o bispo de Mariana, a quem o rei devia o grande serviço de ter vindo fundar o bispado e que na Corte gozava do maior crédito. O Arcipreste Andrade não quis nem se animou a vir derrotado para Mariana.

VI. Últimos tempos de Dom Manuel

Dom Manuel, em suma, fez regulamentos e executou árbitros que lhe acarretaram muitos ódios e resistências. Nessas condições, se o rei não houvesse por bem sustentá-lo francamente, melhor seria insinuar-lhe a deposição da mitra.

Remontando a esse agitado cenário, a maior dificuldade foi nos desligarmos das ideias e dos costumes, que felizmente hoje predominam, para compreendermos bem a situação desse bispo, cuja missão não era lidar somente com a sociedade clerical malconstituída, mas também com leigos que começavam por ignorantes supersticiosos e acabavam por potentados irreverentes, todos insubordinados, sobretudo no que tocava a matérias de dinheiro, nas quais a Igreja, infelizmente, se apresentava, atraindo queixas e animosidades, como um polvo irmão do fisco.

Em uma das *Memórias* jacentes no Arquivo desse tempo, lemos:

> Parte dessas queixas foi firmada em excessivos emolumentos de chancelarias e de ministros eclesiásticos, e emolumentos dos párocos por taxas arbitrárias e desconformes ao regimento dos salários dos auditórios seculares, que o bispo consentia e apoiava; como em inovações que tinha feito, obrigando os povos a fazerem sufrágios aos testamenteiros pelos testadores falecidos e figurando o mau gênio do prelado com cores denegridas de amotinador e perturbador da congregação capitular e dos párocos.

Por esse trecho vemos como Dom Manuel teve de lidar com um mundo inteiro, tais as queixas que se dirigiram ao rei.

Viu-se Dom Manuel obrigado, pois, a juntar documentos, a fazer provas de seus atos e procedimentos para se defender como um réu perante o rei, humilhação a que se sujeitou, mas necessária, porque maior foi o seu triunfo. Tendo, com efeito, o rei nomeado uma junta de ministros e canonistas para examinar essa causa, foram as denúncias e queixas consideradas como partos da maledicência e da vingança, do que se lavrou um assento, comunicado ao virtuoso prelado em carta de julho de 1756, na qual o rei lhe declarou que se havia plenamente justificado e que continuasse a governar a diocese com as mesmas pias disposições que havia até então posto em prática.

Para algumas vagas na Sé tinha Dom Manuel feito nomear, como arcipreste, o Doutor Manuel Cardoso Frazão Castelo Branco e, como cônegos, o Doutor José dos Santos, seu vigário geral, e o Padre José Botelho Borges, aliviando-se, por isso, o cabido da pressão hostil em que tinha vivido. Mas nem assim a luta deixou de prosseguir, quiçá, mais acirrada.

No dia 8 de maio de 1758 tivemos disso uma prova cabal na sessão capitular, mostrando-se reacesas as brasas do ódio velho. Querendo, com efeito, o cabido acordar em matérias concernentes ao Juízo eclesiástico, a fim de se queixar contra os processos instaurados contra alguns capitulares, foi requerido que se retirassem o Arcipreste Cônego Frazão, que presidia a sessão, e mais os Cônegos José dos Santos e José Botelho Borges, por ser, aquele, ministro do senhor bispo, e estes, um, primeiro visitador, e outro, segundo provisor do bispado. Pelo Cônego Frazão (presidente), foi dito que, apesar de ministro, declarava em consciência não ser suspeito, mas contra seu direito se retirava com a condição que, se as matérias fossem das que ele podia votar, protestava pela nulidade da sessão capitular nesse ponto. O Cônego José dos Santos, em acordo com seu colega José Botelho Borges, declarou que a matéria da sessão devia ser tratada por todos os cônegos, e, no entanto, achavam-se ausentes o Doutor Vicente Jorge e o doutoral, que podia vir, ao passo que também os Cônegos Francisco Ribeiro, Domingos de Barros e Antônio Freire eram, de fato, suspeitos, por serem inquinados, em ação crime promovida por eles, José dos Santos e Botelho, sem lhes valer o recurso que intentado tinham para a Coroa e não estava ainda deferido. Quanto à parte de sua pessoa, não podia votar o cônego magistral, por ser seu mal-afeiçoado e lhes fazer más ausências, e também não podiam votar o Cônego Xavier e o Secretário Doutor Alexandre Nunes, por serem amigos íntimos dos sobreditos capitulares incriminados. De mais, a matéria de suspeição devia-se propor tão somente à medida que tocasse a cada um, para sair este na ocasião de votar; pois que, do contrário, seria negar-lhe a defesa, ocultando-se-lhe a causa da suspeição, que podia ser quimérica; e por isso protestavam os dois pela nulidade de todo o procedimento antecipado. Dadas essas razões, o chantre, que havia assumido a presidência, mandou que saíssem os dois cônegos, Santos e Borges, para que se votasse a proposta da suspeição; mas não quiseram sair e foram multados em cinco pontos. Ainda assim, recalcitrando, foram multados em quatro dias de falha cada um; e mais, pela mesma resistência, a 10 dias, ficando por esse modo sem solução o negócio que levaram ao conhecimento do bispo.

VII

De 1758 em diante, apesar de que já no cabido houvesse alguns amigos do bispo e que o vigário geral fosse o Doutor Teodoro Ferreira Jácomo, menos odiado que o Doutor José dos Santos, as coisas nem por isso correram mais serenamente. Houve mesmo, quando nada nesciamente, uma certa conspiração, que teve em mente que fosse Dom Manuel chamado à Corte para responder a novas e insistentes denúncias ou queixas. Para se ver até que ponto subiu essa guerra, chegou ela a ponto de um frade, de nome Francisco dos Santos, assistente em Sabará, enviar ao rei uma insólita representação acoimando o bispo de tirano e desrespeitador das leis divinas e humanas. Já temos visto o que foram frades em Minas. Esse Frei Francisco pertencia ao Hospício da Terra Santa e não queria obedecer ao prelado, e sim viver às soltas.

Não deixava, contudo, de haver um cansaço de parte a parte. O Arcediago Abranches, alma das hostilidades, tendo sido encarregado de ir à Corte levar as segundas queixas, passando pelo Maranhão, deixou-se ficar, e bem pode ser que para se livrar do meio tumultuoso em que havia, dez anos, gasto seus melhores dias em lutas estéreis e ingratas. Os anos, que também foram abatendo os contendores, influíram para o amortecimento. Mas, como se fosse um incêndio, a Sé não deixou de ficar estivada de carvões e brasas. Uma casa de orações convertida em palco de gladiadores!

O pior, porém, que aconteceu no palácio episcopal não foi somente a tristeza do bispo, mas também as enfermidades do homem, que serenaram o ambiente e deixaram penetrar um como prenúncio da noite.

Efetivamente, agravando-se os padecimentos de Dom Manuel, tiveram o desenlace fatal no dia 3 de janeiro de 1764, passando o corpo a descansar de tantas fadigas e contrariedades no carneiro do meio, junto ao altar-mor da Sé. E assim a diocese teve de cobrir-se de luto, sendo geral a consternação por tão virtuoso fundador da Sé, que entrava na sua primeira viuvez.

Capítulo quinto

I. Vigários capitulares

No dia seguinte, quarta-feira, 4 de janeiro, reuniu-se o cabido para ordenar os funerais e elegeu vigário capitular o Chantre Doutor Alexandre Nunes Cardoso, por cinco votos. Apenas sete cônegos compareceram: João Rodrigues Cordeiro, Antônio Freire da Paz, Francisco Ribeiro da Silva, Francisco Gomes de Souza, Teodoro Ferreira Jácomo, Inácio Correia de Sá e o eleito Alexandre Nunes, em que só o Doutor Jácomo deixou de votar, por ser vigário geral do finado bispo e entender que a eleição corria sujeita ainda aos sentimentos passados.

Em 21 de março o cabido votou que se distribuíssem, por conta da mitra, 200 oitavas aos pobres, como era de costume fazer Dom Manuel; e em abril, por igual motivo, outras 200, que ele mandava à Sé em auxílio às festas da Semana Santa. A Páscoa nesse ano caiu em 22 de abril.

Por esses votos do cabido, começaram a surgir, para justiça da história, os primeiros raios da gloriosa imortalidade de nosso primeiro bispo.

O episcopado de Dom Manuel, pondo-se de parte as tristes dissensões do cabido, foi laborioso e fecundo. Ao chegar à diocese, encontrou somente 16 paróquias, circunscrições imensas que não podiam ser curadas com zelo, ainda que diligentes fossem os párocos. Ele, pois, criou 14 vigarias e a todas visitou com solicitude paternal. As suas pastorais, em número de 30, são documentos cheios de piedade evangélica, redigidas no estilo clássico da Igreja, fluente e modesto, transbordando a doçura e o zelo apostólico, e retratam uma alma cândida e amorosa, bem diversa da figura que lhe quiseram emprestar desafeiçoados informantes.

O autor das *Memórias do Rio de Janeiro*, Monsenhor Pizarro,[50] ignorando a carta elogiosa do rei, enviada em 1756, refere-se à – por esta corrigida e revogada – de 1754.

Nenhum serviço, porém, foi maior que a fundação do seminário. Já antes de partir do Maranhão, Dom Manuel, cuidando no seminário, dirigiu ao rei a carta, a que Sua Majestade respondeu com alvará de 12 de setembro de 1748, seguinte:

> Faço saber a vós, bispo de Mariana, que se viu a representação que me fizestes, da falta que havia nesse bispado de fundar o seminário, rogareis ao missionário Padre Gabriel Malagrida, da Companhia de Jesus, passasse a fazer missão, porque a experiência havia mostrado em toda a América que as suas doutrinas moviam a outros não só mudar de vida, mas a fazer ofertas e esmolas para obras pias. Fui servido conformar-me com o que referistes.

Esse projeto de trazer o Padre Malagrida ficou sem efeito, por ter sido ele chamado a Portugal em 1749 e lá ter ficado.[51] Foi em seguida vítima do Marquês de Pombal, que o teve encarcerado com outros jesuítas e, afinal, mandou queimá-lo num auto de fé em 19 de setembro de 1761; tudo em ódio aos mesmos jesuítas.

Para reitor do seminário, Dom Manuel convidou o Padre Manuel Nogueira, da Companhia de Jesus, que foi seu hóspede no palácio.

No ano de 1750 deu parte à Sua Majestade ter comprado uma grande casa na melhor paragem da cidade para ir servindo de seminário, e que já lá estavam alguns alunos; e em 1753 pediu licença para virem diretores e mestres da Companhia de Jesus, visto considerar fundado o seminário. A essa carta respondeu Sua Majestade na seguinte, de 11 de maio desse ano:

> Havendo visto a vossa representação acerca de seminário que aí tendes fundado, em que já tendes 13 seminaristas; e dos mestres que mandastes ir do colégio da Companhia do Rio de Janeiro, para o qual seminário eram necessários mais 3 mestres para lerem filosofia e juntamente teologia moral; e outro para ser prefeito dos estudos e superior do mesmo seminário, nesta consideração sou servido por resolução de 5 do presente tomada sobre consulta do

---

[50] ARAÚJO, José de Souza Azevedo Pizarro e. *Memórias histórias do Rio de Janeiro e das províncias anexas à jurisdição do vice-rei do Estado do Brasil*. Rio de Janeiro: Tipografia de Silva Porto e Cia., 1822, tomo 8, parte II, p. 253-254. (N. Coord.)

[51] Malagrida foi quem assistiu a Dom João V no ato de morrer em 31 de julho de 1750. (N.A.)

Conselho Ultramarino me declareis quem há de sustentar esses religiosos que pedis para mestres.

Aqui já não se nota somente a mesquinhez e a avareza de um padroeiro da Igreja, que arrecadava e consumia os dízimos eclesiásticos; nota-se, porém, já a indisposição do marquês contra os jesuítas, contra os quais tinha de lutar abertamente até expulsá-los.

O bispo, em contestação, declarou que o seminário, além da casa, que lhe custou 7 mil cruzados, já possuía terras; possuía um chácara, que lhe rendia cem mil réis anuais, mais duas moradas de casas, que rendiam cento e quatro mil, trezentos e sessenta e três (104$363) réis por ano. Além disso, tinha outra chácara, que José Torres Quintanilha doava com obrigação de algumas missas e para que no seminário houvesse estudos públicos, chácara esta que rendia duzentos e quarenta e sete mil e duzentos (247$200) réis. Tinha mais, em dinheiro, seis contos e oitocentos e quarenta e cinco mil e cinquenta (6:845$050) réis, que estavam a juros de seis e quatro por cento e que rendiam 427$828 réis; tudo perfazia o total da renda em 880$191 réis. Tinha também vinte mil cruzados para comprar uma ou duas fazendas de gado no sertão, constituindo o patrimônio de que se sustentariam os padres que viessem.

Em 1752, Dom Manuel representou que a doação do Quintanilha estando isenta de foros, o Ouvidor Matoso, no tombamento das terras da câmara, as lançou nas do seminário, e, queixando-se disso, pediu ao rei que as excluísse. Esse pedido bateu em falso, e nem podia ser por menos, em vista da sesmaria da câmara dentro da qual estava a chácara do Quintanilha, que é hoje o palácio episcopal, à beira da cidade. Em 1761, Dom Manuel pediu ao rei que mandasse pagar os lentes do seminário por conta do subsídio literário, que, como vimos, enfaticamente diria o marquês, tinha por fim a subsistência dos mestres necessários à educação da mocidade; mas o rei fez ouvidos de mercador e nem sequer deu uma resposta evasiva, sendo, pois, engano de Monsenhor Pizarro tal afirmação de que por aquela verba recebiam os lentes 200$000 réis de ordenado anuais.

A chácara de Quintanilha foi convertida em palácio episcopal, aumentada por Dom Manuel com auxílio do real padroeiro; mas os bispos sempre dela pagaram aluguel ao seminário.

Foi o primeiro estabelecimento de ensino em Minas, e, se é certo que homens notabilíssimos brilharam no cenário de nossa história, quer no estado eclesiástico, quer no político, todo o esplendor que deles ainda refulge e se derrama em honra do passado foi daquela casa que saiu. O

Seminário de Mariana foi, sem contestação, a *alma mater* da vida intelectual da nossa pátria.

Entretanto, nenhum instituto passou por tantas vicissitudes como esse, que às vezes decaiu e chegou à maior miséria. Malogrando-se o projeto de entregá-lo aos jesuítas, Dom Manuel colocou o Doutor José dos Santos na sua diretoria; o cabido, porém, na Sé vaga em fevereiro de 1764, mandou o Cônego Doutor Francisco Gomes de Souza tomar conta dele, ocasião em que se fez inventário dos bens e do pouco mobiliário que tinha. Daí a continuar só em nome foi um passo que não tardou.

Efetivamente, a partir de meados de 1762, repontaram-se os antigos padecimentos de Dom Manuel, e a terrível malária, que o assaltou no sertão, como é de sua má índole, ocultou-se no seu organismo durante anos, à espreita da víscera que deveria eleger para o ataque final. O bispo foi definhando de forças a olhos vistos, e como não devia morrer senão pelo órgão mais nobre de sua vida, o que mais sofreu, foi o coração que o entregou, como santo, visto tê-lo recebido como anjo.

E assim, na manhã de 3 de janeiro de 1764, a cidade acordou ao dobre lamentoso dos sinos da Sé, que se cobriu de seu primeiro luto.

II. Frei Domingos

O Doutor Alexandre Nunes pouco logrou do cargo, pois veio a falecer logo em outubro, no dia 18, de 1764, sendo nesse mesmo dia, à tarde, eleito em seu lugar o Doutor Inácio Correia de Sá. Este cônego era amigo de Dom Manuel, mas tendo no capítulo de 4 de janeiro votado no Doutor Alexandre, parece que se dava com todos, quando os outros amigos não compareceram e o Doutor Jácomo não quis votar. O Doutor Inácio obteve todos os votos presentes, e isso não deixa de significar um tal ou qual arrefecimento das paixões, mesmo porque Dom Manuel, nas vagas que se foram dando, teve o cuidado de não propor senão amigos; e assim o corpo capitular já estava em parte modificado, se bem que em maioria hostil.

O Doutor Inácio Correia desempenhou um largo papel no bispado e, tudo denota, foi homem inteligente, trabalhador e enérgico, mas, quanto aos escrúpulos, não andou longe de seu tempo.

A Sé esteve vaga até 17 de junho de 1771, dia em que o Santo Padre Clemente XIV confirmou a nomeação de Dom Joaquim Borges de Figueiroa, doutor em ambos os direitos, beneficiado da patriarcal e juiz da Nunciatura em Portugal. Por seu procurador, Doutor Francisco Xavier da Rua, tomou posse do bispado em 3 de fevereiro de 1772; e estava de partida para a América, quando foi transferido para arcebispo da Bahia. Para bispo de Mariana foi então removido de Macau Dom Bartolomeu Manuel Mendes dos Reis, que se achava em Portugal.

Confirmado pelo mesmo papa em 8 de março de 1772, Dom Bartolomeu tomou posse pelo mesmo Doutor Rua, em 19 de dezembro de 1773. Tendo residido em sua diocese asiática, ali exerceu o cargo piedosamente; mas não quis para lá voltar, assim como deixou de vir para Mariana.

Em sua pastoral de 29 de maio de 1776, documento, aliás, cheio de unção evangélica, exprime-se deste modo:

> Se não temos o gosto de nos acharmos aí entre as nossas ovelhas, é pelas notícias que nos chegam dos maus costumes inveterados e da falta de disposição para se receber a palavra de Deus, não nos julgando, consultada nossa consciência, com forças nem ânimo, já idoso e cansado, de irmos arcar com abusos e tomar sobre nossos ombros a responsabilidade de tão melindroso serviço.

E conclui o trecho dizendo: "Está em vossas mãos mostrar que não são vossas culpas a causa disso, dando ouvidos às vozes de Deus. Se assim fizerdes, e se o Senhor não for servido que vamos, mandará outro, que o faça com zelo e caridade".

Essa pastoral, como se vê, é humilíssima e profundamente cristã; mas cai num círculo vicioso. Não vinha o pastor por estarem as ovelhas gafentas; mas as ovelhas estavam gafentas por não vir o pastor. Pelo retrato de Dom Bartolomeu que existe na Sé, merece-nos ele, com efeito, toda desculpa; e bem pode ser que o seu melhor serviço fosse o de não vir arcar com os abusos e maus costumes inveterados, que forçosamente o teriam vencido. Era um homem de fisionomia pacífica, evidentemente cansado. Imagine-se o que veria sofrer...

Finalmente, decorrido mais um ano, e já não podendo mais continuar a diocese com procuradores, que a punham em maior desordem, a rainha,[52] que era mulher escrupulosa, apertou com ele para que viesse ou renunciasse; e, nesse caso, preferindo renunciar, foi em seu lugar nomeado Frei Domingos da Encarnação Pontevel, dominicano e lente de teologia. Confirmado por Pio VI em 1º de março de 1778, e sagrado

---

[52] D. Maria I, Rainha de Portugal, filha do Rei José I, nasceu em Lisboa em 1734 e faleceu na cidade do Rio de Janeiro em 1816. Mãe de Dom João VI, ocupou o trono português de 1777 a 1816. (N. Coord.)

em 18 de abril na igreja dos Franciscanos,[53] da qual comissário foi, o novo bispo tomou posse no dia 19 de agosto desse mesmo ano, e fez a sua entrada solene na Sé em 25 de fevereiro de 1780.

A diocese, tendo a bem dizer ficado acéfala desde a morte de Dom Manuel, cerca de 17 anos, foi-se quase toda por água abaixo a obra iniciada por ele. Os procuradores, como os vigários capitulares, incapazes de um governo sequer moderado, relevaram as ordenações, deixaram decair o seminário, dissiparam as rendas, e a Sé, anarquizada, melhor talvez fosse terem-na fechado. Em 1773 tais distúrbios surgiram que o Doutor Francisco Xavier da Rua, governador do bispado, encheu a cadeia de presos, dando lugar ao Juiz de Fora Doutor Antônio de Gouveia Coutinho reclamar providências do Capitão General Antônio Carlos [Furtado de Mendonça], visto na cadeia não haver mais onde se recolherem presos da justiça civil; razão por que o capitão general, que era homem disposto, dirigiu ao cabido o ofício de 21 de novembro, declarando que, se não cessassem os conflitos e as prisões, ser-lhe-ia desagradável, mas não hesitaria em tomar providências enérgicas para restabelecer o sossego público.

Não há, pois, que admirar as dificuldades que logo assoberbaram o novo bispo. O regime dualista, que dava ao rei entrada nas coisas da Igreja, eis que na Corte abordassem empenhos, tiravam aos bispos uma parte considerável de prestígio.

De qualquer censura ou pena se dava recurso à Coroa, com efeito suspensivo, e até voltar de Lisboa a decisão, meses e anos interrompiam o ato do bispo, que ficava no ar com a sua disciplina.

É bem interessante que a Igreja, tendo extinguido a Ordem das diaconisas, instituídas em tempos apostólicos e tão necessárias ao serviço do culto e da própria religião, tivesse algumas vezes rainhas como preladas superiores aos bispos em coisas da administração até espiritual, como sucedeu em Portugal. Felizmente foi uma piedosa mulher essa soberana. A verdade, porém, é que os bispos em semelhante regime, salvo seu poder de Ordem, pouco valiam, já que nem com os párocos ou com outros beneficiários vitalícios podiam ter influência senão moral; e esta era coisa que, se em outra parte existia, em Minas nunca se sentiu menos que por acaso.

---

[53] Frei Domingos da Encarnação "foi sagrado aos 18 de abril [sic] de 1779 na Igreja de [São Francisco] de Convalescença, junto a Lisboa e tomou posse por seu procurador aos 29 de agosto do mesmo ano" (cf. ALENCAR, Carlos Augusto Peixoto de. *Roteiro dos bispados do Brasil e dos seus respectivos bispos desde os primeiros tempos até o presente*. Ceará: Tipografia Cearense, 1864, p. 258). (N. Coord.)

Sendo como presbíteros iguais aos bispos eram, pela colação nos benefícios, funcionários intangíveis, que só podiam ser punidos por via de processos, ou suspensos; mas, em todos os casos, com recursos à Coroa e perigo de se desmoralizar o bispo.

Compreende-se bem que não tenha sido esse o tipo evangélico, mas foi o que resultou da política feudal, a que a Igreja não podia fugir, como elemento essencial e orgânico, dando origem e constituindo também a sua propriedade e os seus rendimentos. Os benefícios daí vieram. A parte humana da Igreja, porém, ou há de acomodar-se com as vicissitudes progressivas da história, para dirigi-las, ou há de atrasar-se, perturbando a consciência dos fiéis, que não suporta sofismas. Daí a péssima posição dos bispos, impotentes para conterem o clero e submissos ao poder do rei, que restringia a autoridade apostólica e pretendia até, como já vimos, dar normas ao confessionário. Uma Igreja que se conformou, ou pelo menos se calou, diante da fogueira do Padre Malagrida, perversamente sacrificado em nome da Inquisição, convertida esta em instrumento de um ministro ateu, era uma Igreja que ou, por ser muito pobre, se humilhava ou, por muito rica, transigia, com a mira de não perder cabedais e benefícios. Em Minas o rei arrecadava os dízimos, que se diziam direitos de Deus, dava por conta deles umas côngruas miseráveis e declarava, por carta de 1º de dezembro de 1750, ao bispo, que tirasse dos quinhentos e quarenta mil réis, que dava para as despesas anuais da sacristia e da fábrica, o ordenado de 80$000 para o sacristão-mor e o sineiro. Além disso, autorizava os párocos a esfolarem as suas ovelhas, executando-as por *conhecenças*, imposto odiosíssimo, objeto de reclamações e contumélias. Ponha-se, pois, um bispo nesse meio revoltoso, cavado de interesses e mal-habituado, e teremos uma vítima, como foi Dom Manuel e como veio a ser Frei Domingos. Contemplando-se o seu retrato, sente-se o tom de melancolia que exalava de sua alma. Um quê de pensativo está no seu olhar; e o modo de fechar os lábios parece consequente ao cálice da amargura.

Tanto esforço malcorrespondido, tanto sacrifício inútil! Poder que não conseguiu o bem que desejava fazer: eis o que nos revela no silêncio e na frieza de um quadro o semblante de Frei Domingos. Diz o Doutor Diogo,[54] seu contemporâneo:

---

[54] Diogo Pereira Ribeiro de Vasconcelos (morte em 1812), bisavô de Diogo de Vasconcelos. Originário de Portugal, estudou no seminário de Mariana e cursou Direito na Universidade de Coimbra. Casou-se em Mariana com Maria do Carmo Barradas. Além de ter sido vereador da câmara de Vila Rica, Diogo Pereira foi procurador da Fazenda Real, caixa dos diamantes do Abaeté, administrador no Indaiá e juiz criminal. Foi o autor da *Breve descrição geográfica, física*

Bom filósofo, orador insigne e valente teólogo, era digno da mitra por estes títulos e muito mais por suas distintas virtudes. Respeitável na presidência da Igreja, foi magnífico nas funções do verdadeiro culto. Foi o pai, não só o amigo da pobreza, e principalmente das famílias honestas, que socorria com mão oculta e liberal. Sem despesas de fausto, toda sua gala consistia no habito de lã de sua Ordem, e sem a ostentação e a equipagem dos príncipes eclesiásticos, chegava a carecer do trem e de móveis, do que não dispensa um particular.

O célebre Frei Bartolomeu dos Mártires, de sua Ordem, era o modelo que sempre tinha presente. Como ele, era composto em suas palavras, moderado em corrigir os vícios, doendo-lhes mais que aos compreendidos neles esses atos de severidade, a que emendou a muitos e recatou a maior parte: mostrou sempre energia na cadeira e, no trato, humildade apostólica.

"Mal o conheceram", continua o Doutor Diogo, "seus contemporâneos, ou muito tarde."

Não pudemos saber nem atinar que motivos especiais teve esse bispo, de gênio, aliás tão sereno, para se despedir da cidade e vir morar em Vila Rica.

A tradição acusava contrariedades que sofreu do cabido, com a infeliz nota de tanto ódio que certos capitulares meditaram contra a sua vida em dias de uma Semana Santa, quando ele descia do púlpito, circunstância esta, aliás, inaceitável, pois não é do rito que os bispos preguem nessa ocasião. É todavia impossível que semelhante imputação corresse no ar sem um qualquer motivo de grave distúrbio, senão contra a vida, ao menos contra a dignidade do prelado, que veio procurar sossego longe de sua catedral. E assim faleceu Frei Domingos em seu palácio da rua Nova em Vila Rica, pouco depois da meia-noite, para amanhecer o dia 16 de junho de 1793. A morte, segundo a Escritura, é a ultima linha das coisas; e, para os santos, o melhor dia da vida. Os cônegos vieram e levaram o corpo, que foi sepultado na Sé, no carneiro do lado do Evangelho. "Ali descansa (palavras do Doutor Diogo) esse grande bispo, o melhor dos homens."

Em tempo de Frei Domingos concluíram-se na cidade os belos templos que a enobreceram, tendo-se começado a construir e ficando no estado

e política da capitania de Minas Gerais (1806), com o título de *Memórias sobre a Capitania de Minas Gerais*, na *Revista do Arquivo Público Mineiro*, v. 6, 1901, p. 824-825, que se referiu a Frei Domingos Pontevel. A revista divulgou o texto proveniente da *Revista do Instituto Histórico e Geográfico Brasileiro* (v. 29; sem assinatura) – cf. RODRIGUES, José Honório. *História da história do Brasil. Historiografia colonial*. 2. ed. São Paulo: Editora Nacional, 1979. p. 182-184.

incompleto em que se acha o admirável de São Pedro, que, concluído, seria o mais grandioso exemplar do estilo em Minas, sob planta e desenho do genial arquiteto José Ferreira dos Santos, a quem Mariana deve os seus monumentos, e Vila Rica a formosa Igreja do Rosário de Ouro Preto.

Frei Domingos restabeleceu as aulas do seminário, nas quais lecionaram, o latim, o célebre Padre Antônio Rodrigues Dantas, autor de compêndios até hoje inexcedíveis, e filosofia, o Cônego Luiz Vieira da Silva, cuja sorte foi morrer em Portugal complicado na Inconfidência.

A obra religiosa de Frei Domingos foi extensa e abundante, e não se lhe pode negar a estima do clero em geral e a veneração do povo. Suas pastorais, em número de 10, dariam um precioso volume de sã doutrina e de moral evangélica, redigidas em estilo puríssimo, espelho de sua alma ardente e contemplativa. A parte, porém, mais comovente de sua memória consiste na caridade, sobretudo para com as crianças e os menores órfãos desvalidos, para os quais estabeleceu casa e regime. A compaixão com que protegia e apadrinhava os infelizes escravos tornou-se proverbial. A Santa Casa mereceu-lhe especial cuidado para recolher enfermos e velhos, aos quais dava mesadas.

Em nossos tempos de infância viviam ainda alguns velhos que haviam sido criados a expensas de Frei Domingos e guardavam nas tradições auriculares a mais suave lembrança do benfeitor. Mas não era somente dessas virtudes pessoais que se ornava o nome de Frei Domingos de Encarnação, pois, como se pode bem verificar, em seu tempo, a diocese foi governada com critério; e o Juízo eclesiástico, sob a direção de seu vigário geral, o Doutor Inácio Correia de Sá, tornou-se um modelo de ordem e de justiça.

III. A Sé vaga

Por falecimento de Frei Domingos, a eleição de vigário capitular deu-nos azo de ver ainda em pé as dissensões do cabido. Pelo [cabido], como vimos, houve pressa na eleição, achando-se o corpo [de Dom Manuel] ainda insepulto. É provável que a reunião imediata do cabido tivesse então por fim acertar o cerimonial das exéquias, que eram as primeiras no caso; mas para quem assistiu às discórdias do cabido, não é difícil também supor que a pressa tivesse por fim cassar sem mais demora o poder das autoridades diocesanas e substituí-las ainda mesmo nos funerais. O que é certo é que os cônegos amigos de Dom Manuel não compareceram ao capítulo, ou porque, consternados, respeitaram o nojo e se achavam guardando o corpo do prelado, ou porque, estando em minoria e comparecendo, provocariam escândalos.

Morto, porém, Frei Domingos, ou porque deveram alguns cônegos vir buscá-lo a Vila Rica, ou porque a eleição fosse mais incerta, a verdade é que os capitulares deixaram correr o prazo restrito dos oito dias, findos os quais perderiam o direito de eleger o vigário capitular, nomeação que, no caso, passaria a ser feita pelo metropolitano [arcebispado].

O cabido achava-se dividido em duas facções equipotentes, senão em três grupos, e estes irreconciliáveis. Procedendo-se, pois, à eleição no dia 23 de junho, empataram os candidatos, 4 por 4, Arcipreste José Alexandre de Souza Gurgel do Amaral e Cônego João Ferreira Soares, este, pelo velho partido contrário a Dom Manuel. Nesse mesmo dia, procedendo-se a segundo escrutínio, o resultado foi o mesmo; e tal continuaria a ser se não houvessem de chegar a conselho de qualquer acordo, a que, aliás, se viram obrigados para evitarem também a intervenção do arcebispo. Deliberaram então os cônegos que se separassem as varas de vigário geral e de provisor, para ficarem os dois partidos cada um com a sua, expediente que passou, mas com protesto do Cônego José Alexandre, mais conhecedor do direito. E, de fato, foi um grande contrassenso, porque, se por morte dos bispos a jurisdição ordinária passa ao cabido, é por simples acidente, em ordem a ser transmitida por ação imediata ao vigário capitular, que a investe na íntegra e vêm exercê-la com poder virtual e próprio não delegado. O cabido não pode, portanto, reservá-la em todo ou em parte para exercê-la por si ou por vigários gerais ou provisores seus; visto como são funcionários de confiança do vigário capitular e órgãos administrativos de sua responsabilidade. É possível que o Cônego José Alexandre, fundamentando o seu protesto nessa doutrina, conseguisse o resultado, que se viu, de o cabido eleger vigário capitular o Cônego José Botelho Borges, como a vara efetiva de vigário geral; mas com a do provisor interinamente, enquanto a questão, levantada pelo mesmo Cônego Alexandre, não fosse resolvida, como, aliás, foi, pela Santa Sé, que deu posteriormente razão ao protesto.

O Cônego Borges, no entanto, faleceu no dia 13 de agosto de 1795, sendo eleito em seu lugar o Padre Antônio Amaro de Souza Coutinho; mas de modo capcioso, porque deixaram de avisar a uns tantos cônegos, cuja presença poderia alterar o escrutínio. Ao velho Cônego Freire da Paz deixaram de convocar, segundo se lê na ata da sessão, por ser indiscreto e divulgar as coisas que se passavam em cabido. A outros dois cônegos, ambos que vinham do partido contrário a Dom Manuel, igualmente deixaram de lado por outros motivos, e estes razoáveis: um, por ausente da cidade; outro, por enfermo. Entretanto, a eleição do Cônego Antônio Amaro, acoimada de vícios, deu azo a polêmicas e distúrbios, vendo-se ele obrigado a renunciar o cargo no dia 1º de agosto de 1796, com expressa declaração de fazê-lo a bem da Igreja e sossego dos povos, sendo eleito no dia 4 o Arcediago Antônio Álvares Rodrigues Ferreira, com assenso geral. O que indica terem os cônegos acalmado o espírito de discórdia que tanto mal estava causando à Igreja e desacreditando a Sé, a ponto que não houve quem quisesse vir para bispo, não obstante os esforços empregados pela rainha.

IV. Frei Cipriano

Havia no convento dos franciscanos da Arrábida um frade gordo, feio e já idoso, mas sobretudo austero. Tinha sido guardião e era visitador geral da Ordem em Portugal. Mestre jubilado de teologia e pregador da capela real de Bemposta, era Frei Cipriano de São José homem instruído, e a sua figura no púlpito impunha-se ao respeito; mas também ao despeito, porque não tinha meias palavras para fustigar os vícios e maus costumes sem pôr em reserva a corrupção da Corte. Não podendo ver coisas fora do lugar, causticava rijo os conventos da Ordem, nos quais a regra seráfica andava pouco menos que dissipada.

A rainha punha-o nas nuvens e o consultava nas matérias da Igreja. Para se verem livres de tal moralista, conspiraram, planejando a sua nomeação para Mariana; e disso se encarregou o confessor de Dona Maria, incutindo-lhe no espírito que estava sua alma em perigo por não prover essa diocese anarquizada de remédio eficaz, que seria mandar-lhe um bispo de antes quebrar que torcer. A rainha, afligindo-se, pediu-lhes que se lembrassem de um padre idôneo, e o indicado foi o pregador da Bemposta. A rainha, pela falta que lhe faria, doeu-se; mas a salvação de sua alma estava nisso.

Foi para o frade um sacrifício sem nome. Já velho e pesado, a viagem lhe parecia impraticável e resistiu quanto pôde; mas teve de ceder, sob pena de desobediência. Imagina-se a mudança que tinha de sofrer, saindo de seu relativo sossego e da sua ótima posição; mas, enfim, era serviço de Deus, e partiu. Para aceitar a mitra, impôs, todavia, condições à rainha, que fielmente as cumpriu: primeira, Sua Majestade não receberia recurso algum, apelações ou agravos de seus atos; segunda, dar-lhe-ia tudo quanto faltava à Sé para as solenidades e os esplendores do culto divino; terceira, tudo o que também faltava ao decoro da dignidade episcopal. Frei Cipriano trouxe, pois, e recebeu tudo quanto exigiu, e ainda mais do que esperava. A rainha mandou para a Sé as banquetas e alfaias preciosas que ainda lá estão; os damascos decorativos e os ornamentos ricos, sem se esquecer do grande e majestoso órgão que, hoje, desconcertado e mudo, lembra apenas a passada glória das grandiosas festas.[55] Ao mesmo tempo, enviou Dona Maria I para o palácio o que convinha à casa episcopal: baixelas de prata, porcelanas, damascos e linhagens e até um coche de Estado. Ordenou também ao governador de Minas que pusesse em Mariana um piquete de cavalaria à disposição do bispo.

Confirmado por Pio VI em 24 de julho de 1797 e sagrado em 31 de dezembro, Dom Frei Cipriano tomou posse do bispado por seu procurador, o Arcediago Antônio Álvares Ferreira Rodrigues, no dia 20 de agosto de 1798, e fez a sua entrada solene na Sé em 30 de outubro de 1799. Aqui chegando, meteu ombros à reformação da Igreja; e o que parecia tão difícil se tornou quase fácil, graças à sua prudência, em nada inferior à firmeza de ânimo. Constando logo a todos que vinha revestido de poder absoluto, e feitas as primeiras experiências de recursos arquivados, o clero convenceu-se de que só tinha um partido a seguir, e este era obedecer e andar em linha.

De mais, o século já não era o mesmo; e a própria natureza humana, quando os abusos tocam ao extremo, conspira a bem da ordem, procurando, por instinto de conservação, sujeitar-se às leis como necessidade comum.

O bispo era severo, intransigente, mas incapaz de injustiças. Ninguém se atrevia a menoscabá-lo, quer por ter sempre a razão de seu lado, quer por inútil que seria toda resistência a seus mandamentos. E, assim, com as primeiras cajadadas, desenganaram-se os lobos, e o rebanho ficou submisso.

Encerrado em seu palácio, não recebia visitas senão de etiquetas. Não saía à rua senão de sege e com ordenanças do piquete, que ele aquartelou perto do palácio.

---

[55] O órgão, fabricação do organeiro Arp Schnitger (1648-1719), morador de Hamburgo, foi enviado a Portugal em 1701. Em 1752, a partir de doação da Corte portuguesa (reinado de Dom José I), foi encaminhado à Sé de Mariana. A montagem do órgão – assentamento e afinação – foi executada em 1753, provavelmente para a utilização do instrumento nos ofícios festivos da Assunção de Nossa Senhora, padroeira da nova diocese das Minas (MENEZES, Ivo Porto de. O órgão da Catedral da Sé. In: *Solenidades comemorativas da restauração da Catedral e órgão da Sé de Mariana*. [Mariana]: [Gráfica SMP & B Propaganda], dezembro de 1984, p. 10-11; RESTAURAÇÃO final do órgão Schnitger da Catedral de Mariana, Mariana, outubro de 1993. Impresso). (N. Coord.)

Os clérigos que já o procuravam tinham de ir trajados com suas vestes talares no maior asseio, barbas e coroa feitas de novo, sapatos rasos de fivela, barrete e capa, ou tricórnio, se iam de samarra sem mangas sobre a batina. Para negócios, o bispo os recebia na sala particular do expediente, mas, por visita de homenagem ou em comissões, eram recebidos na sala do dossel, sala que ainda hoje dá gosto aos olhos com seus móveis antigos suntuosos, cadeiras de espaldar, forradas de damasco vermelho, paredes de friso, tendo em série os retratos de todos os bispos, à direita de quem entra, e, à esquerda, os dos antigos reis e imperadores. Havia no palácio, além do porteiro, um mestre-sala, encarregado de receber e guiar os visitantes à presença do bispo.

Aos cônegos e capelães, como a todo o pessoal da Sé, inclusivamente o porteiro e os meninos do coro, dava o Bispo Frei Cipriano dois banquetes cada ano: um, na Quinta-Feira Santa, outro, nas consoadas do Natal, este puramente honorífico, de boas festas, aquele, como de obrigação, para corresponder à fineza do cabido.

O bispo, nesse dia, pela manhã, ia de sege ou de liteira para a Sé e, depois das solenidades, como estava começado ao meio-dia o período da Paixão [Quinta-Feira, Endoenças], voltava a pé para o palácio, vindo então todo o pessoal do coro acompanhá-lo. Era, por isso, convidado, e de estilo aceitava o jantar, que estava na hora de servir-se. Levantada a mesa e dado necessário descanso, tinha o mesmo pessoal de acompanhar o prelado, que voltava para a Sé, a fim de continuarem as solenidades e os ofícios da Paixão. Dom Frei Cipriano lavava então os pés a 12 pobres da cidade, aos quais vestia à sua custa para o ato; enxugava-os, dando-lhes a cada um a sua toalha, e, depois de beijar-lhes os pés, abraçava-os; e assim lembrava até o último lance a tocante passagem do Mestre.

Era naqueles dois ensejos que o bispo conversava jovialmente com os seus cônegos e capelães, mostrando-se como em família, conviva de coração e de espírito.

Homem austero, grave, imperioso, era sem embargo todo mansidão e candura com os pequenos e humildes. Ele mesmo ensinava o catecismo aos meninos, dava-lhes roupas e repartia com eles pequenos regalos.

Reparando, desde o cerimonial de sua entrada na Sé, a imperfeição dos ritos e dos cânticos sagrados, ele mesmo tratou de ensinar aos mestres de cerimônias e abriu uma escola de cantochão no palácio. Algumas vezes ia, sem ser esperado, à Sé, entrando pela porta da sacristia e, assentando-se na sua cadeira na bancada dos cônegos, assistia aos ofícios e às horas canônicas, a fim de regularizar o serviço do coro.

Era coisa digna de ver-se a lhaneza e a serenidade com que esse homem, que fazia tremer a diocese, passeava pelas alamedas de sua quinta, às vezes só, outras com os alunos de canto ou com os ministros de sua administração, em conferência de negócios.

Tendo aumentado o palácio e nele feito obras de arte que o enobreceram, não se esqueceu da quinta, onde apurou o gosto de sua época pelo estilo dos jardins romanos, canteiros geométricos cercados de meios-fios, tendo no centro largos tanques em octógono com um repuxo elevado. Os muros eram vestidos de hera, e as ruas, ornadas de figuras simbólicas, que davam aos maciços de rosas e lírios a reflexão poética da antiga mitologia, como felizmente ainda podemos admirar num quadro do padre Viegas que existe no palácio.

Em um recanto da quinta, sendo captada uma fonte nativa, o bispo mandou aproveitá-la ornando-a de um quadro que representa o episódio da Samaritana. As figuras em relevo avivam admiravelmente a cena evangélica, vestidas a caráter e desenvolvendo em seus movimentos a situação do Mestre, enquanto proferia a doutrina toda nova. As tamareiras viçosas e a vegetação rasteira enfolhada, tendo as raízes na umidade do poço, contrastam com os longes áridos e pedregosos do monte em que se avista a cidade. Percebe-se, em redor dessa fonte, o aroma das violetas e dos morangos que restam do tempo de Frei Cipriano; e o sussurro da água e as ideias do quadro dão vida ao ermo em que o bispo vinha rezar o breviário.

Afinal, tendo cumprido o seu tempo, Dom Frei Cipriano faleceu no dia 14 de agosto de 1817, pranteado pela diocese, que lhe ficou a dever a mais grata memória. Se foi fácil em punir, mais o era em perdoar, e, como foi justo e sincero, deixou seu nome venerado.

V. Frei José e Feijó

A Frei Cipriano sucedeu Frei José da Santíssima Trindade, monge da Ordem dos Menores Franciscanos Reformados da Bahia, que foi confirmado por Pio VII, a 27 de setembro de 1819, e sagrado na Capela Real do Rio de Janeiro a 9 de abril de 1820. Tomou posse do bispado por seu procurador, o Arcediago Marcos Antônio Monteiro de Barros, e fez sua entrada solene a 8 de agosto.

Era Frei José uma antítese de seu antecessor, assim no físico e também no moral: homem de pequena estatura, magro e de gênio brandíssimo. Os que o conheceram, conservaram-lhe a estimação de um anjo humanado, tradição que ainda encontramos vivíssima na cidade.

Como seu antecessor Frei Domingos, Frei José dedicou-se ao amparo dos meninos desvalidos e instituiu-lhes um orfanato; considerando a falta que faria o seminário, tratou de restaurá-lo a poder de esmolas e donativos, aumentando-lhe o patrimônio e as rendas quanto em seu tempo coube no possível. Para dirigi-lo, teve a felicidade de achar um reitor de brilhantes qualidades, como exprimem documentos coevos, o Padre João Antônio de Oliveira.

Esmoler e piedosíssimo, Frei José, não obstante a candura de seu temperamento, ou por isso mesmo, teve de sorver até as fezes o seu cálice de amarguras. A indisciplina, reprimida apenas pelo indefesso braço de seu antecessor, não se conteve e saiu a respirar livremente em parte do clero, e agora já envolvida de paixões políticas. Sucedendo a Independência em 1822, e exaltados os ânimos, os padres nativistas, acobertando-se com a capa de patriotas, deram rédeas à insubordinação; e os cônegos da Sé romperam a marcha, empecendo a autoridade do bispo, a título de ser português. Quiseram obrigá-lo a perseguir os clérigos europeus e a destituir até vigários colados, como se a revolução houvesse de subverter também a ordem da Igreja. Dessa forma, os chamados liberais, que intentavam ocupar as posições políticas, fizeram ao bispo uma guerra atroz, tirando-lhe a liberdade de reger a clerezia conforme a sua consciência.

A guerra acirrou-se ainda mais em consequência da abdicação e de lutas correlatas, nas quais Frei José, por seus desafetos, foi injustamente acoimado de absolutista, partidário da restauração. Era ele, de fato, amigo pessoal do imperador e o havia hospedado com a imperatriz em seu palácio em 1831;[56] e, como não compartilhava dos ódios e calúnias que se dirigiam ao príncipe, os energúmenos não punham medida aos ataques e insolências contra o virtuoso e benévolo prelado.

Nessa fase tempestuosa por que passou Frei José, tomando por demais o peso de tantas injustiças e sem achar compensações no amor de tantos que o veneravam, entregou-se com a saúde aos laços da morte, e assim passou da vida presente no dia 28 de setembro de 1835, sendo inumado no carneiro do meio, 71 anos depois que nesse mesmo sepulcro o primeiro bispo achou o seu alívio.

---

[56] A abdicação de Dom Pedro I, ocorrida em 7 de abril de 1831, em favor de seu filho Pedro de Alcântara, futuro Imperador Pedro II, marcou o término do Primeiro Reinado e o início do período das Regências. O fato se insere em um quadro de disputas políticas devido à sucessão ao trono português e ao avanço e confronto das ideias liberais. (N. Coord.)

A Igreja do Brasil, de 1835 até a Maioridade do segundo imperador,[57] atravessou uma fase terrível. O clero, eivado de sentimentos impuros, dominado por ideias anárquicas, frisando ao racionalismo, dividiu-se, e uma grande parte dele, a maioria talvez, pretendeu desbancar a disciplina da Igreja, tomando o celibato por pedra de escândalos. Como a Igreja era de fato a carreira mais fácil aos moços talentosos, que se ordenavam por simples interesse e nenhuma vocação, graças à condescendência e ao pouco escrúpulo dos bispos, como já temos feito notar, ocuparam elevadas posições políticas, figuraram nas câmaras [parlamentares] e até se apoderaram da Regência na pessoa do Padre Diogo Antônio Feijó,[58] estadista de alto valor, como foi homem de extraordinário mérito.

Naquela época de costumes soltos, figurou-se à consciência dos padres ser de grande virtude legitimarem por lei civil as nódoas escandalosas. Ora, entre os mais ardentes partidários, autor mesmo do projeto relativo ao celibato, estava o Padre Antônio Maria de Moura, e foi este justamente o que a Regência entendeu apresentar para bispo do Rio de Janeiro, passo que valia o mesmo que provocar o conflito premeditado com a Santa Sé. O Papa Gregório XVI contemporizou quanto pôde e não quis confirmar o candidato sem maduro exame. Em consequência, o governo imperial mandou a Roma o Conselheiro José Joaquim da Rocha, homem sisudo e hábil, que conseguiu do Sumo Pontífice uma carta ao núncio, a fim de este obter do Padre Moura explicações conciliatórias de seu procedimento, e, no caso que as desse convenientes, seria confirmado.

---

[57] No período regencial, os liberais aprovaram o Ato Adicional, de 1834, que regulamentava a organização das assembleias legislativas provinciais. Os conservadores, contudo, aprovaram a Lei Interpretativa do Ato Adicional, que limitava o poder dessas assembleias, reforçando o poder central. Como reação às forças conservadoras, os liberais articularam aos seus interesses políticos a Maioridade de Dom Pedro II, então com quatorze anos de idade. Esta proposta, com o apoio da imprensa e algum respaldo popular, representaria, da perspectiva dos liberais, uma nova ordenação política e social do Império. (N. Coord.)

[58] O Padre Diogo Antônio Feijó (1784-1843), de posições liberais, propôs a abolição do celibato, a repressão ao tráfico atlântico de escravos e combateu alguns dos traços autoritários das instituições do Estado. Eleito deputado por São Paulo às Cortes de Lisboa, em 1821, defendeu uma reforma da Igreja com bases na Constituição Civil do clero da França. Criou a Guarda Nacional como ministro da Justiça, em 1831, e como senador defendeu a revisão do *habeas corpus*. Em 1835, foi eleito regente do Império, após proclamação do Ato Adicional, que alterou a composição da Regência de trina para una. Em 1837, renunciou ao cargo e nomeou seu adversário político, Pedro de Araújo Lima, para a regência seguinte. (N. Coord.)

Entretanto, o Ministro Alves Branco, logo que se inteirou dessa proposta, dirigiu ao padre um ofício, datado de 10 de junho de 1835, dizendo-lhe que muito desagradável seria ao governo se acedesse a qualquer explicação; ao que o padre contestou no dia seguinte, nestes termos: "o encarregado de negócios de Sua Santidade, se até hoje não me procurou para semelhante fim, mas, quando o fizesse, inútil seria tal tentativa; pois que jamais daria eu um passo tão indiscreto, que me cobriria de ridículo aos olhos de meus concidadãos".

Devemos notar que era então regente o Padre Feijó, o qual havia sido ministro do Império e, nesse caráter, nomeado o Padre Moura.

O plano, como está visto, era armar o desejado cisma, separando-se da Igreja universal a Igreja do Brasil; e isso ficou mais que patente na Fala do Trono de 3 de maio de 1836, lida pelo regente Padre Feijó. Disse o padre pelo imperador:

> Não posso ocultar-vos que Sua Santidade, depois de dois anos de explicações recíprocas, resolveu-se a não aceitar a apresentação do bispo eleito desta diocese. O governo tem de sua parte a lei e a justiça, mas Sua Santidade obedece à sua consciência. Depois dessa decisão, julga-se o governo desobrigado de ter condescendências com a Santa Sé, sem contudo faltar jamais ao respeito e à obediência devida ao chefe da Igreja universal. Em vossas mãos está livrar o católico brasileiro da dificuldade, e muitas vezes impossibilidade, de mendigar tão longe recursos que não lhe podem ser negados fora do Império. É tão santa a nossa religião, tão bem combinado o sistema de governo eclesiástico, que, sendo compatível com toda forma de governo civil, pode sua disciplina ser modificada segundo o interesse do Estado.

Por esses termos insólitos, que saíram da boca de um sacerdote, avaliamos a que triste podridão havia chegado a maior parte do clero. Insinua-se aí o cisma de alto a baixo, e tira-se a máscara. O papa não quis confirmar um padre relapso e sem fé; e o regente, para iludir os ignorantes, confunde essa questão com a disciplina da Igreja, hipócrita disfarçado e persuadido de que no Brasil faltassem católicos para sustentarem a unidade da fé.

Efetivamente, em resposta à Coroa, a Câmara, guiada em sua maioria pelo deputado mineiro Bernardo de Vasconcelos, de acordo com o Arcebispo Dom Romualdo, de feliz memória, declarou ao imperador que não se pusesse em conflitos com a Santa Sé e respeitasse a religião do povo brasileiro. Essa resposta fulminante deu com o Ministério abaixo. O Padre Moura, em vista do choque, entendeu acertado desistir de sua audaciosa pretensão à mitra; e coisa ainda maior foi o golpe sobre o regente, que desde esse momento começou a rolar até se demitir, caindo do poder.

O Padre Feijó tinha feito brilhante papel no Ministério da Justiça da Regência Trina. Abafou com energia as sedições militares de 1831 e, para aniquilar o militarismo, criou a Guarda Nacional. Elevado, porém, a regente em abril de 1835, viu-se atormentado de revoltas em quase todas as províncias; e, se conseguiu debelar a do Pará, foi desastrado no Rio Grande do Sul, por nomeações impolíticas.

Assoberbado, afinal, pela oposição na Câmara, e vendo-se impopularizado pela sua imprudência em atiçar o cisma religioso, o remédio que teve foi renunciar o poder em setembro de 1837.

Como ficha de consolação, o Regente Pedro de Araújo Lima nomeou-o bispo de Mariana; mas ele teve o bom senso de nem sequer enviar papéis a Roma. Era, todavia, um homem de grande probidade, e dos padres de seu partido, o mais honesto. Em seu testamento deixou-nos uma tocante profissão de fé católica, singela retratação de seus desvarios; e bem possível seria que, investido da autoridade episcopal, e pesando a sua responsabilidade, se fosse sagrado, nos desse um ótimo prelado.

Falando-se do cisma e considerando-se a paixão que tiveram pela recusa da confirmação do papa, bem é que se esclareça a razão por que tanto por ela insistiam e por que não fizeram o rompimento.

A razão é que nenhum cisma é viável sem um bispo que ordene os demais no ramo separado da Igreja. Como sabemos, de sucessão em sucessão é que, pela imposição das mãos, a série dos bispos se encadeia, não interrompida até o primeiro elo. Ora, quebrada essa concatenação, não há poder de Ordem, não há sucessão apostólica.

No Brasil, nenhum dos nossos bispos se prestava a ordenar cismáticos; e eis o motivo por que se enfureceram os insurretos, pois pensaram que o papa seria idiota em não conhecê-los, deixando-se iludir. Sem bispo, o cisma ficaria no falso papel dos metodistas, ou dos presbiterianos, seitas que não passam de greves do mesmo protestantismo, que, aliás, os rejeita.[59]

---

[59] Contesta-se também o poder da Ordem ao Episcopado Anglicano, visto que o famoso Parker, nomeado pela Rainha Isabel Arcebispo de Canterbury (1559), não era bispo, dizendo-se ordenado por Barlou, outro que não era bispo. Não havendo, pois, validade de ordenação, não há sucessão apostólica. O episcopado anglicano provém de Parker. (N.A.)

Capítulo sexto

I. Dom Viçoso

Em lugar do Padre Feijó foi nomeado para bispo de Mariana o Padre Carlos Pereira Freire de Moura, natural do antigo município do Serro, e confirmado por Gregório XVI em consistório de 17 de dezembro de 1840. Quando, porém, ia para ser sagrado no Rio de Janeiro, a morte o surpreendeu em São José del-Rei, e ficou sepultado em uma das catacumbas da Ordem do Carmo de São João.[60] Em consequência, já sendo maior o Imperador Dom Pedro II, aconselhado provavelmente pelo bispo de Crisópolis [Bahia], seu mestre, teve a feliz ideia de apresentar Dom Antônio Ferreira Viçoso, com o qual se encetou a série dos bispos notáveis que ilustraram o Segundo Reinado.

Das *Leituras úteis*, do Cônego João Custódio, tiramos a seguinte notícia, que abrevia o nosso trabalho:

> Dom Antônio Ferreira Viçoso, da Congregação da Missão de São Vicente de Paulo, pregador e missionário do Padre Leandro Rabelo Peixoto de Castro (este fundou a Congregação da Missão do Brasil, no Caraça, em Minas, por carta régia de 31 de janeiro de 1820), superior maior da congregação no Brasil, depois de lecionar filosofia em Évora, a ensinou com teologia, matemática e línguas nos seminários de Angra dos Reis, no Rio, e no Caraça. Em Angra fazia as vezes de um pároco. Como superior, regeu os

---

[60] Era filho do Doutor José Pereira Feire de Moura e nasceu no arraial de São Miguel dos Tocoiós, onde o pai se refugiara por suspeição da Inconfidência. (N.A.)

seminários de Angra, do Caraça e de Campo Belo, este, situado entre as províncias de Minas, São Paulo e Goiás. Foi confirmado a 22 de janeiro de 1844 por Gregório XVI, e sagrado a 5 de maio desse ano na igreja do Mosteiro de São Bento, pelo bispo Dom Manuel do Monte, com assistência do bispo de Crisópolis, e do Pará, Dom José Afonso, antigo discípulo do Caraça. Tomou posse a 28 de abril pelo tesoureiro-mor, vigário capitular, João Paulo Barbosa, e fez sua entrada pública a 16 de junho desse ano.[61]

A vida de Dom Antônio Ferreira Viçoso[62] foi escrita pelo seu mais ilustre discípulo, Dom Silvério Gomes Pimenta, atual arcebispo de Mariana, obra-prima que rivaliza com a *Vida do Arcebispo Frei Bartolomeu dos Mártires* e não teme confronto com os mais belos monu-

---

[61] Esse texto intitulado *Leituras úteis* não foi localizado. No entanto, o nome do autor, João Custódio Coelho Pinto de Anchieta, consta entre os padres ordenados por Dom Viçoso no período de 1844 a 1875. João Custódio foi ordenado em 1847 e em 1863 era cura da cidade de Mariana. Em 1870, como cônego, passou a tesoureiro-mor do cabido. Foi também inspetor do Círculo Literário da Província e um estudioso das tradições marianenses, reunindo suas narrativas em folhetos que distribuía na diocese. Faleceu em 1889. É provável que as *Leituras úteis* fossem veiculadas por esses folhetos. No processo *De Genere, vita et moribus* de João Custódio (Arquivo Eclesiástico da Arquidiocese de Mariana), que conserva a sua certidão de batismo, consta que fora uma criança exposta, nascida em Mariana no ano de 1822. Mas isso não impediu que reagisse publicamente aos provimentos de Dom Viçoso e de Dom Benevides, bispos que teriam indicado "sacerdotes de cor" para o cabido. "A um destes colegas recebeu, no dia da posse, com um mal humorado viva a democracia [...]" (cf. TRINDADE, Raimundo. *Arquidiocese de Mariana: subsídios para sua história*. São Paulo: Escolas Profissionais do Liceu do Coração de Jesus, 1928, v. 1, p. 449; 1929, v. 2, p. 699-700). (N. Coord.)

[62] Antônio Ferreira Viçoso (1788-1875), padre português lazarista da Congregação da Missão, fundou, em 1820, o colégio do Caraça, juntamente com o Padre Leandro Rabelo Peixoto e Castro. Em meio a um período de tensão entre as sedes da Congregação em Paris e em Lisboa, foi eleito, em 1838, superior maior de todas as casas dos congregados no Brasil. Ensinava as disciplinas de Teologia Moral e Dogmática, Direito Canônico, História Sagrada e Liturgia. De formação eclesiástica ultramontana e romanizadora, seu episcopado, iniciado em 1844, foi marcado por uma forte pregação missionária opositora a algumas das ideias sociais e políticas de sua época e filiada a preceitos da antiga tradição cristã (cf. CAMELLO, Maurílio José de Oliveira. *Dom Viçoso e a reforma do clero em Minas Gerais no século XIX*, v. II. Tese (Doutoramento em História) – Universidade de São Paulo, São Paulo, 1986, p. 257-314.). O ideário reformador dos costumes, das práticas de caridade e de auxílio, da formação clerical para a reorganização do bispado e do seminário de Mariana foi marcado pelo conservadorismo e pelo rigorismo, expostos, entre outros, nas suas cartas pastorais, nos sermões e nos artigos do jornal *O Bom Ladrão*, de Mariana, do qual o bispo era um dos editores. (N. Coord.)

mentos da língua portuguesa, em estilo clássico, mais único do que raro.[63] A Dom Viçoso devemos ainda o ter inspirado esse incomparável registro de suas virtudes, que assim ficaram, também pela riqueza da forma, perpetuadas condignamente na memória dos séculos. Para um tão grande bispo, modelo dos maiores santos, era, com efeito, necessário deparar-se uma pena da águia de São João; e foi esta. Em relação, pois, ao episcopado de Dom Viçoso, já nada ou pouco teríamos a dizer, e tudo ou muito vamos apenas repetir, divergindo tão somente sob o ponto de vista pessoal em apreciação que a história tem de alargar e julgar sobre margens do quadro biográfico. É assim que não dispensaremos ver certos elementos que contribuíram para a glória de Dom Viçoso, se é certo que toda a glória de um artista assenta em criar de matéria tosca as figuras divinas do pensamento a que serve.

A diocese de Mariana, como temos visto, apresentou-se como apenas saindo do caos para as mãos criadoras do primeiro bispo. O povoamento de Minas, que estava começado havia quarenta anos, desbravando a terra devoluta e selvagem, dava de si uma sociedade formada por elementos provindos de toda parte, e de toda casta, tendo somente para ligar-se a unidade religiosa, e esta mesma enfraquecida de superstições fetichistas, grosseiras e, de mais, sombreada pela profunda, quase invencível, dissolução dos costumes.

Pertence aos nossos poetas contarem essa idade de ouro nesta terra do ouro; mas a verdade histórica nos põe diante da pobreza e da miséria, da barbaria e da imoralidade, quando para aqui veio Dom Manuel encetar o seu trabalho apostólico, ajudado por poucos e obstado por muitos de quantos devia esperar o concurso. A luta, porém, maior não foi propriamente com o povo, que, se não era, desejava ser cristão e amava a Igreja, não obstante as imperfeições da fé e as lacunas da doutrina; mas com o clero, numerosíssimo, padres, alguns poderosos e ricos, mas em geral esquecidos do caráter sacerdotal. Nenhum dos bispos, como vimos, deixou de ser amargurado, nenhum; nem mesmo Frei Cipriano, pode afirmar-se, conseguiu instaurar em princípio a vida espiritual da diocese. Os longos intervalos durante as vacâncias da Sé vinham infelizmente interromper o esforço dos bispos e alargar o caminho da perdição. Mas,

---

[63] SOUSA, Frei Luís de. *Vida de Dom Frei Bartolomeu dos Mártires da Ordem dos Pregadores Arcebispo e Senhor de Braga Primaz das Espanhas* [...]. Viana: por Nicolau Carvalho, 1619. (N. Coord.)

como coisa providencial, que claramente se sente e se prova em toda essa confusão, convém notar o milagre da série desses bispos, dos quais nem um só podemos excetuar da santidade em que viveram e com que exaltaram as mais puras e adoráveis sentenças do Evangelho.

Neste ponto é lícito dizer à Sé de Mariana: *macula non est in te*.[64] E é quanto basta.

Assim como só hora de luz emenda o caminho perdido nas trevas, também chega uma gota de verdade para limpar um oceano de mentiras. Nesse vaivém em que se move a história, fluxo e refluxo do bem e do mal, vinga a boa natureza humana, e afinal se apura um saldo a favor da lenta mas indefectível espiral em que se aperfeiçoa.

II. O Seminário

A primeira e mais solícita preocupação de Dom Viçoso foi regenerar o clero, mas criando e educando um novo, que fosse mais instruído e menos descuidado. Ele achou padres, além dos costumes fáceis generalizados, divididos por paixões políticas ainda inflamadas pela convulsão de 1842,[65] distraídos, portanto, dos deveres sacerdotais.

A sua primeira pastoral é como uma *ouverture* de caridade, que nem de leve toca nas chagas vivas de seu tempo, e antes fala, como se fosse aos anjos, pedindo a todos que o auxiliem na tarefa santa de encaminhar as almas para o céu. Desse modo suavíssimo e convincente, o piedoso bispo estimula os ânimos à virtude, sem o amargo das censuras nem o irritante da autoridade. Coloca-se no papel do servo que leva adiante uma tocha e, como irmão no sacerdócio, saúda a todos os que devem colaborar com o bispo na obra de instruir e salvar o rebanho. Aos moços que se dedicam

---

[64] Em português: "e não existe mancha [pecado] em ti" (*Cântico dos cânticos*, 4:7). (N. Coord.)

[65] A Revolta Liberal de 1842, ou uma série de conflitos nas províncias de São Paulo e de Minas Gerais, representou a instabilidade política do Império e as práticas dos partidos Liberal e Conservador para obterem a hegemonia partidária nos cargos públicos. A dissolução da Câmara, formada pelas chamadas "Eleições do Cacete", impulsionou a reação dos liberais liderados, entre outros, por Diogo Feijó e Teófilo Otoni. Em meio a esses conflitos, ocorreu o fechamento temporário de colégios e de estabelecimentos eclesiásticos em Minas. A obra de referência sobre essa revolta é MARINHO, Jose Antonio. *História do movimento político que no ano de 1842 teve lugar na província de Minas Gerais*. Rio de Janeiro: J. e S. Cabral, 1844. (N. Coord.)

à vida eclesiástica saúda, dizendo: "em vós está posta a nossa esperança, e nessa consideração se dilata o nosso coração".

Reprova ternamente a pressa dos que se desejam ordenar antes de tempo e sem a necessária instrução; mas para os que se empenham tem estas admoestações mais austeras: "Ninguém se empenhe, sem consideração, a favor dos ordinandos, e muito menos a favor dos proventos nas paróquias. Do contrário, se seguirá uma desgraça eterna aos ordinandos, aos párocos, a quem por eles se empenha, às ovelhas e ao infeliz bispo, se se deixar iludir em negócio de tanta consideração".

Dom Viçoso, parece, tinha em vista remover abusos conhecidos e previstos; e o pensamento que lhe inspirou esse trecho da admirável pastoral ia dar certo na reforma do seminário.

Com a triste revolução, ou sedição, de 1842, o seminário foi desmantelado por completo, convertido em quartel de tropas, de modo que Dom Viçoso veio encontrá-lo em total abandono, tendo por morador um aluno apenas.

Para, todavia, dizermos o que tinha sido, resta-nos um documento deplorável, que é o inventário feito em 1831 e por Frei José enviado ao presidente da província, Manuel Inácio de Melo e Souza. Por falta de meios e de recursos para mantê-lo, Frei Cipriano o havia fechado em 1811. Frei José, porém, o reabriu a poder de esmolas e donativos. Além disso, tendo confiado a parte financeira ao Padre Antônio Vila de Araújo, homem diligente e ativo, conseguiu este organizar a fazenda do Palmital; montou engenhos, comprou escravos e animais, de sorte que pôde suprir de gêneros alimentícios o consumo da casa e ainda aumentar-lhe as rendas, sendo o patrimônio acuradamente administrado. Não menos feliz foi Frei José em achar no Padre João Antônio de Oliveira um reitor de grande capacidade.

De 1835 a 1836, período em que faleceu Frei José, a receita do seminário foi de 4:201$411 réis e meio, e a despesa de 4:069$228 réis e meio; o que se pode calcular seja o balanço de um só mês atualmente. De 1821 a 1836, a receita foi de 54:329$709 réis e meio; e a despesas, de 53:987$935 réis e meio; balanço este que será inferior ao de um só ano atualmente; pois, além de outras verbas, só a que o Arcebispo Dom Silvério paga pelos moços pobres, que ali fez educar, orça por 30 a 40 contos cada ano.

O que, porém, mais explicitamente sobre esses algarismos nos indica a situação, e, sobretudo, o espírito mesquinho da época, é o referido arrolamento dos bens do seminário e a sua avaliação, solenemente feita por louvados municipais, e por ordem de Frei José, para ser enviada ao Presidente Manuel Inácio de Melo e Souza, em 1831, como dizíamos. Convém aqui notar que esses pedidos de relatórios e informações que os presidentes dirigiam às autoridades diocesanas, podendo nos parecer interesse que tomavam em prol dos seminários no propósito de auxiliarem os bispos, iam bem longe disso.

Com a Independência e a transformação do velho regime, ficaram no ar, sem raízes, que foram cortadas, as relações tradicionais da Igreja e do Estado, fundadas nos direitos da Ordem do Cristo. O papa, solicitado pelo imperador, separou dela o Brasil e criou aqui um Grão-Mestrado; mas isso foi como um ramo que, separado do tronco, embora vegetasse, não deu a mesma árvore nem os mesmos frutos fora de seu clima e de suas condições naturais. A Ordem de Cristo no Brasil não passou de honorífica; e, aspirando ao padroado, caiu no ridículo, tanto mais que bateu de revés no ponto em que a *estatolatria cesarista* reclamava, em nome da majestade do povo, a bela ficção revolucionária, que propunha investir a máxima protestante ou regalista, fazendo da religião instrumento da soberania: *Cujus regio, eius religio*. Nesse suposto, a Constituição Imperial de 1824, em referência ao provimento das dioceses, usou do termo *nomear* bispos, que, embora canonicamente se desse por sinônimo de *apresentar*, exclui a ideia direta de terceira pessoa.

Vimos, no caso, como o Regente Feijó alegou na Fala do Trono estar o governo com a lei e com a justiça, quando exigia do papa a confirmação do irregular Padre Moura. Entendendo, pois, que a Igreja deveria ser uma repartição do Estado, entre as muitas invasões tentava o governo ingerir-se na matéria dos seminários, fiscalizando o ensino e as rendas do patrimônio. Frei José, nesse particular, porém, foi resoluto, declarando ao Presidente Manuel Inácio que o seminário dependia somente do bispo desde o tempo de Dom Manuel; pois para isso obteve uma ordem régia de acordo com as leis constantes e firmadas por último no Concílio de Trento.

Se, contudo, no que diz respeito ao seminário eclesiástico, há forçosamente de ser dirigido e governado pelos bispos, em plena independência, visto serem eles os mestres e juízes do ensino, tendente à formação do clero, no que toca à parte do propriamente colegial, em que se instrui a mocidade, sem descriminação de carreiras, é claro que o Estado, a quem compete educá-la, não pode ser indiferente aos métodos e programas didáticos adotados pelos bispos, salvo no regime da separação da Igreja e do Estado. Nesse caso, os pais, prevenidos de que o Estado não se responsabiliza pelo ensino secundário dos colégios, ou não lhes confiam os filhos ou os bispos têm de harmonizar o curso colegial do seminário com os programas dos exames públicos. Entretanto, se o ensino do Estado é positivista, o que vale dizer-se ateu, um gravíssimo inconveniente aí surge, visto como os bispos não podem custear fábricas de materialismo; e duas correntes de educação tem de formar-se, temíveis consequências para a unidade espiritual da nação, ponto de que esta, se fosse prudente, não deveria tirar os olhos, pois bem sabido é quanto lhe custou amalgamar os fatores étnicos e consolidar o território, obra incontestável do catolicismo.

Que o inventário aludido foi um triste espelho da época, basta citar algumas de suas verbas, pelas quais se vê como o seminário então não foi mais que um monte de cacarecos no valor total de 74:383$249 réis e meio, incluindo-se aí a fazenda rural e seus acessórios, avaliados em 36:050$387 réis e meio, e representando-se o edifício, seus móveis e os prédios urbanos em 38:332$862 réis. A livraria, com 539 volumes, descritos em lastimoso estado, valia 1:274$850.

Figuravam no refeitório dois bules de folha, valendo ambos 500 réis; 40 xícaras, 40 réis cada uma; 59 colheres de ferro, todas 2$219 réis e meio; e assim o mais. Nos dormitórios tivemos 58 catres, a 300 réis, total 17$400, mesas de pau, candeeiros, enfim, um badulaque de coisas irrisórias, até em objetos que hoje escandalizam, como foram os escravos. Eram oito, dos quais o Simão, rebolo, com 50 anos de idade, valia mais que todos os outros e dava 150$000; um Paulo, cabinda e mentecapto, 10$000; um João, merfembe, 84 anos, 20$000; e um de 96 anos, sem valor, Joaquim, angola!

Na capela, os avaliadores entraram de rijo e sem critério. Os paramentos estragados, quase farrapos, 17 libras de prata, resto que ficou de um roubo feito por ladrões, que também saquearam a igreja do Rosário em 1829; e assim todos os mais objetos de culto importaram em 636$950.

É bem provável que Frei José, em novembro de 1831, data de seu ofício ao presidente, já estivesse de todo enfraquecido por efeito das contrariedades e minado pelas enfermidades que consumiram ao extremo o seu organismo. Confiando, pois, a terceiros esse trabalho, não viu que no inventário desapiedosamente incluíram e foram avaliadas, como quaisquer trastes de seminário, as santas imagens, havia tantos anos expostas à contemplação de nossos antepassados. Santo Inácio, São Bento, São Bernardo, os crucifixos, a Virgem da Boa Morte, a Senhora das Dores, e esta com as suas roupas e adornos; nenhuma escapou a tanta profanação, quando, por direito civil e também por direito romano, sem se falar no canônico, as coisas religiosas, as imagens sagradas estão fora do comércio; e não têm valor. E, com efeito, imagine-se a venerável figura da Mater Dolorosa, que todos os anos percorria a cidade, na comemoração dos Passos, valendo 40$000 aos olhos de seus devotos comovidos e prosternados! De uma tal espécie de profanação não usaram os oficiais do juízo que inventariaram e avaliaram os bens do Santuário de Congonhas em agosto de 1827.

III. Reitores

Se tal era o aspecto do seminário nos últimos tempos do Frei José, façamos ideia do que se tornou durante os nove anos de Sé Vaga. Frei José o deixou com 35 alunos internos e 34 externos. Passou a diminuir o número, até que viesse a soldadesca de 1842 reduzi-lo à última degradação. Foi nessa miseranda conjuntura que Dom Viçoso teve de encontrá-lo. Sendo a reforma do ensino eclesiástico a base em que vinha restaurar a disciplina da diocese, acertou de reconstruir e aumentar o edifício, que Dom Manuel deixara como estava, obras novas estas que foram executadas pelo Reitor Cônego Antônio Manuel de Figueiredo, homem de especial capacidade para trabalhos dessa natureza.

Com a reabertura do seminário sob as vistas e sob a proteção de Dom Viçoso, em pouco tempo cresceu o número de alunos que vieram habilitar-se para a carreira eclesiástica; e de muitos outros que, independentemente desse propósito, procuravam o curso de humanidades. Dividiu então o bispo o seminário em maior e menor, aquele para os ordinandos, este para os colegiais.

Deixando o Padre João Antônio dos Santos (depois bispo de Diamantina) continuar na reitoria do seminário maior, teve Dom Viçoso a felicidade de achar dois homens notabilíssimos, de raras virtudes, que com ele vieram do Rio de Janeiro, aos quais entregou a direção do seminário menor, a fim de ser por eles organizado, segundo os mais adiantados processos da pedagogia, então vigentes na Europa. O primeiro deles foi o Doutor Pascoal Paccini, lente de história natural do Museu de Palermo e diretor da academia da mesma cidade, que se achava no Brasil encarregado, por seu governo, de várias comissões cientificas; e o segundo foi o Doutor José Marcelino da Rocha Cabral, civilista e escritor de alto merecimento, ambos amigos íntimos, que se dedicaram com entranhado afeto ao nosso prelado. A nomeação, porém, desses dois meritíssimos varões, diretor e subdiretor, não podia ser senão temporária e só para o serviço da organização colegial. E assim foi que estiveram empregados de 14 de maio a 20 de dezembro de 1845. A maneira como se desempenharam está exposta na carta que lhes dirigiu Dom Viçoso, dizendo: "Já agora não sofrerá tanta dificuldade a continuação dessa vossa obra. Vossos nomes respeitáveis deverão escrever-se junto do de seu fundador (Dom Manuel). Resta agradecer-vos da nossa parte; pois que a Providência vos deparou para nos tirar de um grande embaraço em que nos achávamos desde o princípio".

Enquanto isso, Dom Viçoso cuidava de mandar instruir-se em Roma não só o Cônego Luiz Antônio dos Santos, como também o Cônego João Antônio dos Santos, que, ambos, mais tarde, foram bispos, aquele do Ceará, e arcebispo da Bahia, Marquês do Monte Pascoal, e este de Diamantina. Foi Dom João o primeiro presbítero ordenado por ele, Dom Viçoso.

O seminário que, para principiar, por algum tempo esteve debaixo de uma direta regência, depois, sucessivamente, daqueles dois cônegos, assim se conservou enquanto Dom Viçoso fazia esforços tendentes a entregá-lo definitivamente aos lazaristas, que já se achavam estabelecidos no Caraça. Eram seus companheiros de congregação, com eles já havia regido colégios e sabia que em França e Itália diversos seminários floresciam confiados à sua competência.

Nesse pensamento dirigiu-se ao governo imperial, solicitando que, por vias da Legação em Paris, obtivesse contratar com o superior da congregação a remessa de padres suficientes.

Ao mesmo tempo fazia Dom Viçoso chegar à presença do Papa Pio IX um requerimento, no sentido desejado, para que lhe permitisse confiar o seminário *in perpetuo* a seus confrades clérigos da congregação da Missão, aos quais já então estava confiado temporariamente. O santo padre, em virtude, despachou, pelo *rescriptum*,[66] de 26 de setembro de 1853 como lhe era pedido (*juxta petita*).

---

[66] Resposta oficial por escrito. (N. Coord.)

É preciso dizer que a primeira porta a que Dom Viçoso bateu para obter padres congregados foi a dos redentoristas de Nápoles; mas desistiu desse intento em vista da condição, imposta pelo rei daquele país, que lhe dissesse quais os recursos e meios de subsistência que oferecia aos padres o bispo de Mariana; pergunta que este não pôde responder, visto não se achar ainda no governo da diocese.

O incidente, porém, veio a talho, porque, nesse ínterim, tendo-se aplainado as dificuldades que se opunham ao chamado dos lazaristas, Dom Viçoso os preferiu, como desejava, até por espírito de confraternidade, penhor de maior confiança.

Restava a Dom Viçoso consultar o voto do cabido. É claro que tal passo não se impõe aos bispos concernente à direção de seus seminários; mas no particular tratava-se da cláusula *in perpetuo*, e cumpria que o cabido a homologasse para efeitos de futuro.

Ao ofício dirigido por Dom Viçoso ao cabido em 12 de maio de 1857, respondeu este, a 16, sendo relator o Cônego Doutor Pedro Maria de Lacerda, que parafraseou a exposição do piedoso bispo e concluiu nestes termos:

> Por todas essas razões consideradas em globo e ainda em separado aplaude o cabido o intento de Vossa Excelência manifesto em ofício, que por este respondemos. Apoia-o e aprova-o e dá o seu voto para que Vossa Excelência realize-o, como diz, e entregue o seminário desta diocese aos reverendos padres da congregação da Missão de São Vicente de Paulo, para ela dirigi-lo, como faz em França, Itália e outros países; e isso com solenidade por uma provisão; e assim este cabido concorre com seu voto capitular para inteira firmeza e vigor da dita provisão tanto quanto for preciso e exigido.

Assignaram esse ofício os cônegos Arcediago Joaquim José Rodrigues Rêgo; o Arcipreste Francisco Rodrigues de Paula (vigário geral); o Chantre Joaquim Antônio de Andrade Bemfica; o Doutor Luiz Antônio dos Santos; Antônio Manuel de Figueiredo; o Doutor Pedro Maria de Lacerda; Antônio Gomes Carneiro e Bernardo Higino Dias Coelho.

Na discussão da matéria, que foi bem dirigida e luminosa, suscitou-se a questão da cláusula; e nesta houve divergências, entendendo alguns cônegos não lhes ser facultado dispor sobre a perpetuidade; mas não insistiram e cederam à opinião da maioria, pelo que apenas firme se manteve o arcediago, que assinou a ata sob protesto, nestes termos: "Protesto contra a decisão supra do cabido, por me achar convencido de haver prejuízo nos direitos de terceiro para o futuro".

Esse protesto, convém lembrar, partiu do Cônego Rêgo; e o Cônego Rêgo era um santo que foi o esplendor do cabido em seu tempo, quando nele também figuravam doutores que dali saíram bispos.[67]

Em consequência de uma epidemia, que em 1854 grassou em Mariana, o seminário maior, já então dirigido pelos lazaristas, foi transferido para o Caraça; e o menor, com poucos estudantes, foi para a fazenda do seminário, cerca de 14 léguas distante da cidade. Passada, porém, que foi a epidemia, Dom Viçoso, enquanto vinham da Europa os congregados, confiou interinamente a reitoria ao Cônego Doutor Luiz Antônio, indo ele mesmo, bispo, morar por algum tempo no estabelecimento, que se reorganizava.

O Padre João Batista Cornaglioto, vindo como superior dos congregados, havia tomado conta do seminário menor em 1855; mas em caráter provisório. Não obstante a firmeza de vistas para realizar os fins que se propunha, o bispo era cauto e muito perspicaz para não dar golpes sem preparar os ânimos. A entrega do seminário aos congregados, padres estrangeiros, sofria oposição, que não era para desprezar-se; e por isso entraram a título de experiência, querendo o bispo justificar por fatos positivos a excelência de seus intuitos. E não se enganou; pois, em 1859, quando se deu a entrega definitiva, em virtude da provisão, já se desatava em plena flor o governo do padre Cornaglioto, que, durante o meio século em que regeu o seminário, o elevou material e moralmente ao ponto em que se acha, tendo deixado um paradigma que serviu às mais dioceses, e sem desdouro pode colocar-se ao nível dos melhores tipos do mundo católico. É hoje uma casa perfeitamente montada, para 300 alunos, espaçosa, confortável e salubre, na qual funcionam aulas do programa oficial moderno, servidas por lentes da maior competência e capacidade.[68]

---

[67] O Cônego Rêgo era um modelo de virtudes, figura hierática de sacerdote. Alto, de bom corpo, vagaroso no andar, nunca falhando às horas da Sé, vinha com a capa trançada no braço, de barrete na mão, saudando a todos que paravam ou que das janelas o reverenciavam. Já velho, conservava no semblante uma grande nobreza de linhas, olhar dulcíssimo, sorriso paternal, a piedade em pessoa. Morava só; a casa sempre de vidraça descidas, em silêncio de santuário. Homem de modéstia inexcedível, singelo no conversar, era todavia um sábio eclesiástico. Visitava e era visitado, mas pouco se demorando nas casas, como era antigamente costume em dias de Natal e da Páscoa. No dia em que faleceu, conta-se que, de madrugada, abrindo-se-lhe a janela do quarto, em bando, os passarinhos entraram e saíram cantando. Essa poética tradição resume a feliz memória do justo. (N.A.)

[68] Criado pelo primeiro bispo, Frei Manuel da Cruz, o Seminário de Nossa Senhora da Boa Morte, em Mariana, passou por reforma marcante de orientação tridentina sob o bispado de Dom Viçoso (1844-1875). Nesse período, o edifício do seminário foi

Contudo, se bem que felizmente e por enquanto bem-sucedida a reforma de Dom Viçoso, nem assim se debilita o voto divergente do cabido, sendo das muitas vezes que em um só parecer fica a verdade nos corpos coletivos.

Argumentou-se então que o seminário, por ser confiado a indivíduos de desiguais qualidades, que se sucediam, sofrera alternativas deploráveis, até de ser fechado algumas vezes. Mas foi pouco discreto esse argumento, e se outros melhores não houvesse, estaria a causa perdida.

E, de fato, se a natureza humana, em pertencendo a congregações, imuniza-se, o cabido teve toda razão; mas a triste verdade é que as próprias congregações não estão livres de corrupção. Sendo assim, os bispos deveriam ficar sem embaraço algum, e não ligados por uma cláusula *in perpetuo*, que se pode antepor ao exercício de sua autoridade, já que aos superiores da congregação de São Vicente em Paris pertence enviar-lhes reitores inteiramente desconhecidos, sob a especiosa restrição de um beneplácito, que nem ao menos é clara. Peca ainda o argumento extraído das vicissitudes passadas do seminário, porque dependiam de recursos, e estes foram escassos e precários; ao passo que os reitores, ainda que reconhecidamente dedicados e virtuosos, como se sabe, não tiveram poder para feitio de milagres.

* * *

Se, em todo caso, a obra admirável de Dom Viçoso, no que toca ao seminário, corresponde hoje a um rasgo da Providência, mais digna do poder, bem manifesto de suas virtudes, equivalentes a maior tesouro, aí ficaram as instituições de beneficência que fundou no seu caráter de pai dos desvalidos, apóstolo da caridade.

---

ampliado para abrigar 150 seminaristas, incluindo colegiais que não tencionavam o sacerdócio – o que permitiu às elites locais o acesso à educação superior ou os estudos propedêuticos às academias. O currículo se pautou pela legislação em vigor (lei mineira n. 445/1849), constando das cadeiras de Latinidade, Francês, Inglês, História, Geografia, Aritmética, Geometria, Trigonometria e Álgebra. Durante a década de 1850, e ainda conforme legislação específica, foram anexadas as cadeiras de Direito Eclesiástico e de Teologia e, na década seguinte, as de Filosofia e de Retórica. Contudo, a ampliação e a retração do currículo eram costumeiras, dependendo da disponibilidade de professores e regentes. Com atenção especial à formação moral e aos fundamentos da reforma clerical, o regulamento do seminário prescrevia atividades diárias, em tempos esquadrinhados sob vigilância e controle permanentes. (N. Coord.)

Foi ele, com efeito, quem introduziu no Brasil as irmãs de São Vicente de Paulo, que, em número de 12, sob a direção da Irmã Dubos, trazidas de Paris pelo Padre João Rodrigues da Cunha, chegaram a Mariana em 6 de abril de 1849, à custa exclusivamente do venerando bispo.

Ao mesmo reitor, Cônego Antônio Manuel de Figueiredo, encarregou Dom Viçoso o conserto e o aumento da casa em que se fundou o Colégio da Providência,[69] destinado à educação de meninas, tendo ao pé o asilo de órfãos e também o hospital para enfermos pobres. As primeiras irmãs, enquanto se lhe prontificava o colégio, residiram na casa da rua das Mercês, onde o piedoso bispo, logo nos primeiros dias de seu governo, havia restaurado um orfanato. O Instituto das Irmãs, que é hoje um conjunto de vários ramos de educação e de obras pias, o maior de Minas, contém a Escola Normal, o colégio, asilos e fábricas de várias indústrias próprias, para o ensino de mulheres, e mais um grande hospital moderno. Iniciado pela Irmã Dubos e desenvolvido pelo gênio da Irmã Marta, extraordinária mulher, em quem todas as virtudes confluíram formando uma santa, foi continuado por outras como propriedade daquele estabelecimento, esse colégio por si só bastaria para glorificar um episcopado.

A influência religiosa das irmãs de caridade nos costumes de Minas é coisa que não se contesta, e só quem as viu chegar e tem vivido, até hoje, saberá certificar. Pode-se, pois, dar, ainda, como obra do episcopado de Dom Viçoso, já não só o espírito interior que se desenvolveu nos sentimentos cristãos, graças à educação de centenas de moças que se habilitaram no colégio, mas também o lustre que por estas adquiriu o culto externo, assim nas casas como nas igrejas. Quem conheceu a miséria das próprias matrizes, e ainda mais das capelas, sem decoração decente, sem utensílios

---

[69] Fundado em 1849, o Colégio da Providência, em Mariana, foi entregue às irmãs vicentinas, provenientes da França sob o comando da Superiora Margarida Dubos. Dom Viçoso solicitou essas "Filhas da Caridade" de sua Congregação (da Missão) para as tarefas de cuidar de doentes e dar ensinamentos a meninas pobres. A trajetória do educandário das vicentinas, contudo, não se reduziu aos objetivos caritativos, pois ampliou seu corpo discente com a admissão de filhas das elites regionais (cf. PIMENTA, Silvério Gomes. *Vida de Dom Antonio Ferreira Viçoso*. 3. ed. Mariana: Tipografia Arquiepiscopal, 1920, p. 159). Representando uma conquista pela educação feminina, o colégio atendeu desde meados do século XIX e por quase todo o século seguinte, nos regimes de internato e de externato, ao ensino diferenciado para alunas pagantes e órfãs, apropriando-se, em geral, do repertório cultural europeu. (N. Coord.)

adequados, altares despidos, paramentos esfarrapados (*foeda nigro simulacra fumo*[70]), há de comparar os tempos, e verá que não é favor atribuir-se às irmãs de caridade a regeneração da arte de venerar as coisas divinas. Nossos antigos faziam consistir o esplendor do culto em banquetas de prata, em damascos ricos, em suntuosas alfaias, placas de ouro, pondo em contribuição tudo, menos a natureza. Deus para eles era um potentado assírio, um faraó, que só em tronos de ouro, em tapeçarias luxuárias se comprazia de ser adorado. Nas igrejas pobres o culto era uma tristeza.

Entretanto, a verdade é que o cristianismo, sendo por essência a religião do espírito, já não está em perigo de confundir o seu culto com as festas naturalistas do paganismo, e a Igreja quer flores, quer música e também o concurso gracioso das belas artes.

A Capela das Irmãs, ornada lindamente e provida de utensílios e parâmetros brilhantes, serviu de modelo às igrejas de Mariana. Os moços que se ordenavam, adquirindo o zelo com que no seminário se revestia o culto, levaram para as mais remotas paragens o gosto pelo asseio e adorno dos altares; ao passo que as alunas que saíam do colégio, executando trabalhos de bastidor e fazendo flores artificiais, popularizaram sobretudo as festas consagradas à Virgem, como hoje se celebram as mais encantadoras das liturgias católicas.

Visitando as paróquias de sua diocese, Dom Viçoso, como se comprazia em achar as igrejas bem tratadas, melhorou sensivelmente o culto e concorreu para despertar no povo a ideia do belo como essencial à contemplação divina; e esta, como se sabe, é o princípio suave e fundamental da associação humana, como só a religião sabe promover. Ao passo que corrigia abusos, bispo missionário, purificava doutrinas, fazia amar a virtude, e nem sequer por palavras deixava nos lugares o amargo travo das censuras. Como pai, conduzia a paz na doçura de seus conselhos, e deixava de casa em casa as alegrias da alma, que o Evangelho requer muito mais que as luzes e o incenso, que as flores e as festas. Viva encarnação da fé, ministro incansável da caridade, mestre de lei divina, foi sem contestação o mais profícuo e bem-sucedido civilizador de Minas. Incapaz de afligir com asperezas a seu clero, de queixar-se de contrariedades, a profunda e larga regeneração de costumes com que contribuiu para o progresso moral da diocese, pode-se dizer, foi produto

---

[70] Em português: " e as imagens manchadas de negro fumo" (Ode VI, Livro III, *Odes*, Horácio Flacco). (N. Coord.)

de seu incomparável bom senso; e ninguém, jamais, como ele, conheceu tão a fundo o jogo das paixões humanas. A sua correspondência com o governo imperial, num estilo de admirável cordura, mas de intemerata firmeza em ressalvar a dignidade e a independência da Igreja, sem discrepar todavia um til da mais comedida linguagem, em nada se parece com as pastorais, documentos imperecíveis de sua maneira evangélica, de seu amor imaculado. É que, erudito e sapientíssimo, conhecendo a primor a história e a literatura, como a vida e a experiência dos santos, pouco menos foi que um anjo em comissão de Deus.

Ao lado, contudo, de uma vida laboriosa e ativa, cheia de cuidados terrenos, ninguém negará que em Dom Viçoso se incorporou tão pura alma de asceta; e são os ascetas os mais sensíveis à suprema beleza de Deus e da natureza. Os que dizem ter sido Lucrécio[71] um ateu nunca o leram.

Não há poeta verdadeiro que não seja um místico. Sem Deus, não podia Lucrécio ser poeta; e de fato o invoca de nome nos mais sublimes raptos de seu naturalismo. O cristianismo, de mais, sendo a religião pura da alma, é a revelação da suprema beleza dos mistérios, que inspiraram a *Messiada*, o *Paraíso*, a *Jerusalém* e os *Mártires*, e que impregnam de celeste formosura a eloquência das *Confissões* e da *Apologética*.

Dom Viçoso, o professor de filosofia, o teólogo que fundou colégios, era também um músico sacro, um poeta compositor, como São Francisco de Assis, que ensinava aos passarinhos a letra de seus gorjeios e tirava das flores metro para os hinos da criação. Uma parte

---

[71] Tito Lucrécio Caro (99 a.C.–55 a.C.), poeta latino, defensor da mortalidade da alma, postulou o mistério e o misticismo da prática religiosa, condenando o fausto e as vaidades humanas. No poema *Sobre a natureza das coisas*, expõe a filosofia de Epicuro, chave para os segredos do universo e garantia da felicidade. Vasconcelos, provavelmente, refere-se às seguintes obras (edições dos séculos XVIII e XIX): KLOPSTOCK, Friedrich Gottlieb. *The Messiah*. Attempted from the German of Mr. Klopstock. To which is prefix'd his introduction on divine poetry. London: printed for R. and J. Dodsley; T. Durham; T. Field; and J. Collyer, 1763; MILTON, John. *Paraíso perdido*. Tradução José Amaro da Silva. Paraíso restaurado. Lisboa: Rollandiana, 1830; TASSO, Torquato. *A Jerusalem libertada*. Vertida em oitava-rima portuguesa por José Ramos Coelho. Lisboa: Tipografia Universal, 1864; CAMPOS, Joaquim Pinto. *Jerusalém*. Lisboa: Imprensa Nacional, 1874; SOUSA, Luís de. *Vida de D. Fr. Bertolameu dos Martyres*: excertos para temas nas aulas de latim e leitura clássica nas escolas. Lisboa: s.n., 1854; AGOSTINHO, Santo, Bispo de Hipona. *Confissões do grande doutor da igreja Santo Agostinho*. Traduzidas na língua portuguesa por um devoto. Lisboa: Impressão Regia, 1824; LUDOVICO, Macinai. *Credo, apologética*. Roma: Lefebure, 1903. (N. Coord.)

do tempo, quando lhe permitiam os deveres do cargo, passava em sua querida chácara, denominada Cartuxa, em meio à Serra do Itacolomi, cercada de nuvens, longe, mas à vista da cidade. É uma casa pequena, como Horácio desenhou a sua, ao pé de uma fonte nativa, com um mato vizinho. Pertence hoje às irmãs de caridade, para as quais a deixou, e elas a conservam tal qual estava: uma sala que servia para receber visitas, comer e escrever; uma alcova para dormir; uma outra para o altar; um pequeno quarto e a cozinha. Um quadro representando São Bruno no Oratório.[72] Eis a Cartuxa. As raras visitas que ali iam eram recebidas as mais das vezes numa pequena esplanada, em frente à casa, debaixo de jambeiros, onde o bispo, modestamente vestido de sua samarra preta, passava a maior parte do dia, rezando, lendo, ou meditando.[73]

Foi na Cartuxa que Dom Viçoso findou os dias, aos 88 anos de sua vida terrestre, na noite de 7 de julho de 1875.

IV. Dom Benevides

Por morte de Dom Viçoso, o cabido, compenetrado de sua grande responsabilidade e querendo manter a obra regeneradora da diocese, deliberou saltar por cima dos precedentes e buscar fora de sua corporação, não obstante haver nela homens notáveis, um que de propriamente fosse formado pelo santo bispo, como filho de suas virtudes, herdeiro de sua alma.

Conta-se que Elias, arrebatado no carro de fogo, atirou sua capa a Eliseu e, com ela, o seu espírito profético e o dom dos milagres ou prodígios. É a figura que nos ocorre ao lembrarmo-nos da eleição feita

---

[72] São Bruno, fundador da Chartreuse, nascido em 1030, e falecido também octogenário. (N.A.)

[73] Das visitas, vale a pena mencionar a que recebeu de certo bispo anglicano, que veio, como *turista*, às minas do Morro de Santa Ana, em 1868, e que desejou conhecer o santo bispo católico [...], levando também uma filha, com quem viajava, uma bela moça, muito educada. Dom Viçoso achava-se, como era costume, só com o seu breviário, pobremente vestido, no sítio dos jambeiros. Para ali se encaminhou o anglicano com a sua comitiva: todos se curvaram e beijaram o anel de Dom Viçoso, que os recebeu alegremente, passeou com eles até aos bosques e nenhum sinal deu de sua superioridade. Os ingleses ficaram pasmos de tanta singeleza e doçura. O anglicano tendo-lhe pedido que abençoasse a filha, Dom Viçoso carinhosamente disse à moça, que lhe beijava o anel com expressiva emoção: "Deus a faça uma santa". Era essa a sua fórmula, abençoando. (N.A.)

pelos cônegos investindo o Padre Silvério Gomes Pimenta da estola de capitular. Era um simples lente do seminário; e na obscuridade de sua cela muito longe estava de adivinhar e ainda mais querer semelhantes honras. Modesto e humilde, foi exaltado, portanto, graças à manifesta inspiração de Deus, que não ficou só nisso, como veremos.

O Padre Silvério, tanto que havia entrado na adolescência, Dom Viçoso o tomou a si e o educou em sua escola de virtudes. Nascido em Congonhas do Campo a 12 de janeiro de 1840, tal qual como Dom Viçoso, de pais piedosíssimos, não admira que por natureza conservasse as inclinações de santidade hereditária. Admitido como aluno externo do Colégio de Congonhas, não se distinguiu menos pelos talentos que pelos dotes morais. Foi exemplar de costumes puríssimos, pelo que obteve recomendações especiais do Padre Manuel Ferreira, vice-diretor, senão de fato o reitor do colégio.[74] Chamado, pois, por Dom Viçoso, entregou-se aos estudos e adquiriu uma reputação de capacidade, que a nenhuma outra foi segunda na clerezia do bispado. A luz, porém, não devia ocultar-se, como diz o Evangelho, debaixo do alqueive. O diamante é assim também que se encontra, no fundo dos rios, inconsciente de seu valor e de seu brilho, mas afinal encastoado, orçando por uma fortuna. O cabido teve, pois, a hombridade de ir tirar a um cubículo paupérrimo do Seminário de Mariana o homem talhado pela Providência para continuar a santa cruzada do bispo Viçoso, pela qual incontestavelmente a diocese de Mariana se colocou na hegemonia católica de todo o Brasil.

Foi então, e nesse comenos, que Dom Antônio Maria Correia de Sá e Benevides, nomeado e sagrado para Goiás, foi removido para a Sé de Mariana.

Era Dom Benevides descendente dos fundadores do Rio de Janeiro e nascera em Campos dos Goytacazes a 28 de fevereiro de 1836, de pais católicos. Tendo cursado o Colégio de Dom Pedro II, bacharelou-se na Escola Central em ciências físicas e matemáticas; ocupou a cadeira de história natural naquele colégio e nessa posição foi chamado a ordenar-se em 1865. Passou a lecionar no Seminário Episcopal de São José, e foi vice-reitor do externato do Dom Pedro II. Ele fez sua solene entrada na Sé de Mariana no dia 19 de novembro de 1877.

---

[74] Diogo de Vasconcelos (1843-1927) e Dom Silvério Gomes Pimenta (1840-1922) estudaram no Colégio de Congonhas e, sendo da mesma geração, podem ter sido contemporâneos no estabelecimento. Fundado em 1827, o colégio foi administrado pelos padres lazaristas da Congregação da Missão até 1860, quando foi confiado à Irmandade do Senhor Bom Jesus de Matozinhos de Congonhas do Campo. (N. Coord.)

Dotado de vasta inteligência e muita ilustração, esse bispo honrou a sucessão de Dom Viçoso, derramando a mãos largas o bem que pôde e sem faltar nenhuma linha sequer na pauta da caridade, cheia, como estava, de instituições e obras pias.

Educado na Corte, homem de fino trato, urbaníssimo, vindo substituir Dom Viçoso, um eremita da Cartuxa, teve de entestar com a expectativa de muitos, que entendiam devesse ele imitar os mesmos hábitos do velho prelado, cujo programa do governo, aliás, seguiu sem alterar coisa alguma na praxe e menos ainda no pessoal da diocese.

Dom Viçoso, amando extremamente o Caraça, deixou lá continuar o seminário maior, supondo aquele sítio fora do mundo e por isso mais próprio para a vida contemplativa, como desejava se incluísse no preparo de seus ordinários. De ano em ano ele ia à serra a conferir ordens aos alunos que seus confrades reitores lhe apresentavam como habilitados nas matérias do curso e apurados na vocação. O santo bispo às vezes conhecia os candidatos.

Dom Benevides, porém, não esteve por essas viagens e, por visto como os cânones impunham, sendo mesmo de seu dever a imediata fiscalização do seminário maior, para que fossem os alunos educados e preparados debaixo de suas visitas, revocou o mesmo seminário maior para Mariana, de onde apenas provisoriamente havia saído. Foi um grande golpe, que não podia ser agradável aos padres da Missão; mas era necessário ao bem da diocese, e nem podia influir para a decadência em que ficou o antigo e tradicional colégio se a congregação vicentina tivesse no Brasil pessoal em número suficiente para tantos afazeres. A tendência desses padres, sendo não admitirem em seus colégios professores que não congregados, priva-os de estabelecimentos em que poderiam, dirigindo-os, prestar os melhores serviços à Igreja e ao Estado, educando a mocidade.

Dom Benevides, educado para uma carreira civil, graduado em ciências, exercendo o magistério no mais distinto colégio oficial do Brasil e sendo um dos mais estimados intelectuais admitidos nas rodas ilustres do Rio de Janeiro, com um futuro brilhante no século a convidá-lo, foi todavia tocado pela graça e avocado ao sacerdócio, carreira nova a que se devotou com tanta circunspecção e zelo, que logo na primeira ocasião foi escolhido para subir ao episcopado. Já se disse, e bom será não esquecer, que nesse melindre o imperador foi intransigente e nunca apresentou senão sacerdotes de reconhecido mérito. Sempre consultou ele aos bispos, ou o de sua maior confiança, para indicar-lhe candidatos dignos.

Conta-se mesmo que, em certa ocasião, tendo o Ministério instado pela apresentação de certo padre, homem notável, que era tido e havido por modelo de virtudes, muito ilustrado, o imperador abanou-lhe a cabeça. Os ministros entenderam que o gesto seria um dos muitos modos de que Sua Majestade se servia para lhes mostrar o caminho da porta, e por isso insistiram, declarando que, sem essa nomeação, deixariam as pastas. O imperador então chamou em particular o ministro respectivo e lhe disse: "Os senhores não tem razão" e mostrou-lhe uma informação reservada do bispo diocesano do candidato, esclarecendo defeitos ocultos.

De certo tempo em diante, foi Dom Viçoso o verdadeiro eleitor dos bispos do Brasil; e assim foi que teve o inefável gozo de sagrar três de seus mais preclaros discípulos, que foram os bispos de Diamantina, do Ceará e do Rio de Janeiro.

Acumulando os conhecimentos acadêmicos e os estudos eclesiásticos, talento fácil e metodicamente dirigido, o ex-aluno da Escola Central fez-se padre, e na cadeira de bispo soube ilustrar a Igreja com escritos que se não podem esquecer. As suas cartas pastorais são peças luminosas de doutrina e de conceitos que não torcem a linha de seus predecessores.

Nas circulares que expediu sobre dispensas, impedimentos e obrigações relativas ao matrimônio, revela-se canonista emérito. Tratou admiravelmente da lei que extinguiu a escravidão no Brasil e de outras questões contemporâneas.

Foi Dom Benevides quem instituiu o retiro espiritual do clero, a celebrar-se anualmente, medida que tão sazonados e abundantes frutos tem produzido, já para ilustrar e aperfeiçoar, já para confraternizar e fomentar a solidariedade da classe.

Nesses retiros, que continuam a ser feitos em Mariana durante agosto, e em Juiz de Fora durante o mês de janeiro, ouve-se em qualquer deles pregar as sumidades do clero.

Era Dom Benevides um homem de vida puríssima; singelo nos modos, afabilíssimo e humilde – sem afetação; mas intransigente nos respeitos devidos ao cargo. Nesse ponto, como a Constituição do Império atribuía aos bispos dignidade e honras de príncipes do Estado, Dom Benevides sabia dispensar, mas não renunciar, o seu tratamento e mantinha com os governos a etiqueta das tradições.

Entretanto, não exigia cerimônias no seu trato particular; correspondia às gentilezas das pessoas que o obsequiavam e não era indiferente às que o procuravam, recebendo e pagando visitas sem desmentir, ao de leve que fosse, a culta sociedade a que pertencia.

Dom Benevides conhecia e amava a música; e nas reuniões a que era convidado tomava parte. Para aqueles que seriam capazes de suprimir no Evangelho a presença de Nosso Senhor em noivados e banquetes, era um escândalo. Quando, porém, sua irmã, senhora distintíssima, se retirou, ela, que era insigne pianista e que não podia permanecer longe dos filhos, Dom Benevides até mesmo de seus inocentes passatempos afastou-se e recolheu-se na quase solidão em que viveu.

Entretanto, afetado de sua moléstia medular, agravaram-se-lhe os sofrimentos; e raras vezes saía de casa, ao passo que dia a dia se alargava o seu isolamento. Era um sol que descia para o ocaso, mas felizmente sem abismos; pois teve amigos fiéis que não o abandonaram. Os cuidados da diocese ficaram confiados à sabedoria e à prudência de Monsenhor Silvério Gomes Pimenta, bispo titular sagrado a 31 de agosto de 1890 para ser coadjutor; e a vigararia geral passou a ser exercida por Monsenhor José de Souza Teles Guimarães, sacerdote ilustrado e virtuosíssimo. O secretário do bispado, Monsenhor Júlio de Paula Dias Bicalho, igualmente distinto por qualidades que o elevaram à mitra do Pará, cargo que não aceitou,[75] falecendo prematuramente, foi substituído por Monsenhor José Silvério Horta, modelo inexcedível de apóstolo.

Por falecimento também do Monsenhor Teles, foi elevado a vigário geral o Monsenhor José Maria Rodrigues de Morais, homem austero, de grande valor e sacerdote exemplar. A menção dessas particularidades envolve o nosso desejo de deixar perpetuado nesta páginas o círculo de beneméritos auxiliares que Dom Benevides teve em torno de si nos últimos tempos do episcopado, sacerdotes em que Dom Viçoso imprimiu o cunho de sua gloriosa santidade. Foram os amigos que assistiram a Dom Benevides em seu leito de morte e que o consolaram, visto não ter ao pé de si um parente que lhe fechasse os olhos.

O quadro, porém, não fica tão triste, pois teve o piedoso e doce conforto dos sacramentos em meio de seus cooperadores e amigos sinceros.

Ele havia chegado ao extremo, nos ultimo tempos, de nem sequer poder levantar o cálice no Santo Sacrifício, por lhe faltarem as forças. Encerrado em seus aposentos, onde pela manhã lhe celebravam a missa, a não serem os poucos momentos, quando recebia um ou outro de seus amigos, ou ministros, pode se dizer que Dom Benevides antecipou em si

---

[75] A comunicação do núncio foi do dia 31 de maio, e a recusa de Monsenhor Júlio, de 7 de Junho de 1896. (N.A.)

mesmo o ermo do sepulcro. E este, afinal, se lhe abriu no dia infausto 15 de junho de 1896. A campa foi a mesma, que 78 anos antes havia coberto o corpo de seu antecessor Frei Cipriano de São José. Se este bispo, diz um escritor, foi tão humilde e sincero, como Benevides, aquele carneiro encerra de fato um tesouro de sublimes virtudes.

A ação de Benevides no governo da diocese foi tão firme e copiosa de frutos, como eficaz e duradoura, dedicando-se à obra da restauração do clero, que felizmente já se apresenta em melhor aspecto, digno de sua missão, mais ilustrado e incomparavelmente mais circunspecto.

Ou por cansaço ou por sistema, o Reitor Padre João Cornaglioto, que havia elevado o seminário ao mais alto grau de esplendor, assim material como também moral, um modelo de disciplina, opunha-se infelizmente a toda e qualquer mudança exigida pelos tempos e não havia como reformar-se ali o ensino rotineiro, quase obsoleto. O latim, dividindo-se em classes, ou anos, foi ali ensinado pelo padre Silvério Gomes Pimenta, no 3º ano. Este professor, sendo já bispo, foi no Concílio americano em Roma eleito relator, e foi-lhe confiada a redação das atas e dos cânones, por ser, em meio de cento e muitos bispos, o maior latinista, pois escreve o latim como escreve o português, lidima e elegantemente. Mas, eleito vigário capitular, deixou a cadeira.

Começava-se, porém, pela gramática do padre Antônio Pereira e liam-se os clássicos dos tempos áureos dificílimos, que só os bons mestres sabem explicar.[76] A filosofia ensinava-se por Bouvier, em latim, dado de cor, e explicando, à maneira dos peripatéticos, um rol de ideias e palavreados ocos e fatigantes, uma tortura. A história, salvo a sagrada, e esta mesma decorada, nem sequer existia.

Dom Benevides cuidou de melhorar o ensino colegial do seminário, obrigando à criação de novas cadeiras e a chamada de padres ilustrados e eruditos que hoje brilham no professorado.[77]

---

[76] Dom Silvério é um poliglota que versa as línguas hebraica, grega, latina e as neolatinas todas, além de saber bem o inglês e o alemão. (N.A.)

[77] Podemos mencionar, entre outros, o Padre Luis Castamagne e o Padre Egídio Houriot. Atualmente o seminário é regido pelo Padre Afonso Maria Germe, sacerdote notável, que honra ao clero por seu grande saber. (N.A.) [Consta que, em 1924, o padre Egídio Henrotte (sic), do clero regular, era "assistente" na direção do seminário da arquidiocese. Ele ainda ministrava aulas, no seminário menor, de matemática, ciências naturais e língua grega – relação do clero a Arquidiocese de Mariana, Boletim Eclesiástico, Mariana, v. 3, n. 1-2, jan.-fev. 1924, p. 5, cf. CLERO da Arquidiocese de Mariana, 1930, p. 6 (impresso), Biblioteca dos Bispos Marianenses. (N. Coord.)]

Eis como saem atualmente padres instruídos, e já no clero não é escasso o número de moços que ilustram a carreira e servem a Igreja, empenho que tem sido o maior do atual arcebispo.

As vantagens de um clero adiantado, pondo-se mesmo de parte a glória da Igreja, está acima de todo encarecimento. Contribuindo para a difusão das luzes e a prática das doutrinas religiosas, fundamento da moral, é, ainda mesmo sob o ponto de vista político, o mais proveitoso e útil agente da paz e do progresso. O que está hoje provado é que um clero convenientemente educado não faz bem somente à Igreja, mas serve ainda mais ao Estado.

A Dom Benevides sucedeu o bispo de Camacho, seu coadjutor, transferido para Mariana. Foi o primeiro bispo natural de Minas.

V. O Arcebispado

Dom Silvério tomou posse do bispado de Mariana, com toda solenidade, no dia 16 de maio de 1897, continuando por esse modo a governar a diocese, objeto, a bem dizer, nunca interrompido de seu zelo desde 1875, quando morreu Dom Viçoso.

Em 1906 o Papa Pio X, tendo elevado Mariana a arquidiocese, confirmou, por bula de 8 de junho, o bispo em arcebispo da província eclesiástica, compreendendo as dioceses do território mineiro e também Goiás. Em virtude disso, Dom Silvério recebeu o pálio no dia 6 de agosto de 1907; e, como no dia 20 de julho de 1912 se festejava o seu jubileu sacerdotal, o mesmo santo padre, além de uma tocante missiva de felicitações, o condecorou com o título de conde palatino e de prelado assistente ao sólio pontífice.

Mencionando apenas essas datas biográficas do virtuoso arcebispo, estando felizmente vivo, pareceria lisonja, se bem que merecida, a exposição de seu longo episcopado, embora se recomende pelos mais assinalados serviços e indefessa atividade. Poderíamos mesmo dizer e provar que, se esse ilustre prelado iguala em virtudes a seus piedosos predecessores, a todos tem excedido em diligência apostólica, sobretudo no saber e na vasta erudição de que dispõe. [78]

O Doutor Diogo Pereira Ribeiro de Vasconcelos, em sua história, falando de Frei Cipriano, disse: "A posteridade, menos suspeita, louvará a dignidade com que se conduz nas funções episcopais".

---

[78] O Monsenhor Silvério Gomes Pimenta, que exercera a função de vigário geral, tornou-se bispo, com o título de bispo de Câmaco (na Armênia), e foi coadjutor de Dom Antônio Maria Correia de Sá e Benevides. Ele tomou posse da mitra de Mariana em 1897 e faleceu em 30 de agosto de 1922. (N.Coord.)

Da mesma sorte, receando que se nos averbe de suspeitos, apelamos para a posteridade e ficamos certos de que ela não desmentirá o juízo que em rápidos traços temos exarado nestas páginas. Aqui deixamos, contudo, repetido, como remate deste livro, o seguinte trecho do orador oficial de bicentenário de Mariana em 5 de julho de 1911[79]:

> Pátria minha, levanta o teu coração! Exulta em tua glória incomparável! Em ti se instalou a primeira terra livre, o *ager sacrum*,[80] berço de cidadãos em todo o âmbito das Minas. Em teu solo fundou-se a cadeira augusta dos pontifícios, metrópole da fé, fortaleza do Evangelho. E tu, majestosa Sé! Humilde capelinha da Conceição! Eleita como o sol, formosa como a lua! *Candor lucis aeternae*! Tu que apareceste sempre nas voltas de meu caminho, branca nuvem destacada do azul do firmamento! desabe de lá em pedaços o orbe, não temas, não vaciles aqui, querida Igreja, nas tempestades do lago. Em ti, dentro de ti, dorme quem acorda para sopear com império os elementos e pacificar a natureza. Os varões apostólicos que ilustraram o teu sólio, e que repousam em teu seio mavioso e casto, continuam a amar-te e tanto como foi amada a esposa dos Cantares! Eles ainda te iluminam com as vívidas flamas do cenáculo, que crepitam e fulgem em tuas soberbas encantadoras naves.
>
> Não. Não morreram ainda. Eles vivem, eles governam, eles apascentam, na pessoa do nosso amado arcebispo, nesse varão predestinado que o batismo chama Silvério, São Paulo chamou anjo da diocese, e a história chamará, sem descanso, em páginas eternas, o luzeiro do catolicismo, a glória do Brasil na cristandade.

---

[79] A efusão emocional de pertencimento a Mariana e a Minas que finalizam o livro *História da Civilização Mineira: Bispado de Mariana* retomam o discurso de Diogo de Vasconcelos (BICENTENÁRIO de Mariana [Vila de Nossa Senhora do Carmo]. 1711-1911, 5 de julho. *Discurso oficial do orador oficial Dr. Diogo Luiz de Almeida Pereira de Vasconcelos*. Belo Horizonte: Imprensa Oficial do Estado de Minas Gerais, 1912), orador oficial do Instituto Histórico e Geográfico de Minas Gerais, na rememoração "histórica" do bicentenário de Mariana, ocorrida em 5 de julho de 1911, em meio a festas cívicas e religiosas na cidade – evento que se refere à constituição, em 1711, da então nova Vila de Nossa Senhora do Carmo (futura Mariana), com a posse dos oficiais da câmara eleitos para o governo local. As palavras do autor, de feição simbólica e política, expressam sua ideia de "pátria", que se estendia à história (civilizadora) mineira e ao "luzeiro do catolicismo". (N.Coord.)

[80] Em português: "campo sagrado". (N. Coord.)

Aditivos e notas

Caeté

Com a modificação dos costumes, tornando-se pouco verosímil o fato do Caeté, a muitos já parece pura lenda, quando é comprovadamente histórico. Vê-se na inscrição da fachada da igreja, comemorando em hexâmetros a época em que foi construída, sendo rei Dom José I e vigário o Padre Henrique, também primeiro, a razão por que se consagrou a Nossa Senhora do Bom Sucesso – *pro eventu* – alusivo ao fato legendário. Além disso, na sacristia vê-se no teto o quadro central figurando São João Nepomuceno, patrono dos confessores, tendo na mão uma língua humana, que mostra. Confessor da Imperatriz Joana, mulher de Venceslau VI de Boêmia, imperador que foi da Alemanha, e homem cruel e depravado, quis este que o santo lhe revelasse os segredos da esposa e, como não conseguisse, mandou submetê-lo a torturas, acabando por cortar-lhe a língua e lançá-lo da ponte no Moldau, onde o mártir morreu afogado, no ano de 1383.

O Padre Henrique Pereira, vigário de Caeté, tendo ouvido da confissão a uma filha de família distinta, não lhe deu absolvição e, apesar de instado, persistiu na recusa. Causava então excessivo reparo o fato de não comungar quem se confessava. O pai da moça, ao tipo da época, formidável inquiridor e bruto, escandalizado, apertou com a filha por declarações, e esta, aterrorizada, querendo forrar-se aos castigos, levantou que o vigário a tinha solicitado, e por isso fugira do confessionário. Foi a moça acreditada e o padre perseguido, denunciado e preso, resolvendo antes sofrer que desatar a verdade. Enviado a Portugal para ser entregue ao tribunal do Santo Ofício, prometeu a Nossa Senhora do Bom Sucesso edificar-lhe um templo se o defendesse da imputação caluniosa; e, de fato, caindo a moça gravemente à beira da morte, confessou em público a sua culpa, sendo o seu depoimento formalmente exarado em auto de justiça e enviado ao tribunal. O padre, restituído à liberdade e honrado por seu heroico procedimento, voltou de Portugal para cumprir o seu voto, favorecido pelo rei Dom José I. Além dos mais objetos, trouxe por principal a esplêndida imagem da santíssima Virgem, uma das mais belas que haja em Minas e que se venera no altar-mor da matriz. Essa igreja foi construída pelo célebre arquiteto Bracarena,[81] e não tem rival, seja pela regularidade e amplitude das formas, seja pelo material da pedra raríssima de que foi feita – um verdadeiro esplendor! Essa igreja veio inaugurar em Minas o novo estilo, que se estava libertando do barroco jesuítico puro, e constitui a obra-prima da época.

Por muitas vezes, estudando-a, desanimamos de lhe notar apenas um ponto dissonante da simetria, que se ostenta no conjunto de sua grandeza e figura majestosa; e só depois de um grande esforço pudemos apanhar que o primeiro altar do lado da epístola divergia dos outros, senão em riquezas de arte, nas proporções e nas molduras.

A paróquia de Caeté começou sob o padroado de São Caetano, em uma capela que ficava na esquina oposta, em lugar onde está hoje um chafariz com frente para o mesmo largo. Em face dessa capela deu-se o fato com o forasteiro pelo qual teve princípio a luta dos emboabas.[82]

A pequena imagem de São Caetano, que se vê no nicho do altar-mor, ao lado do Evangelho, é a mesma desse tempo. É a relíquia preciosa do povoado. Feita a matriz, foram as imagens trasladadas em 1765, e o novo templo inaugurado com ruidosas e suntuosas festas em três dias

---

[81] Antônio da Silva Bracarena, artífice e construtor – oficial de "pedreiro" –, que arrematou as obras da capela-mor da matriz de Nossa Senhora do Bomsucesso da Vila Nova da Rainha do Caeté, na década de 1750 (MARTINS, Judith. *Dicionário de artistas e artífices dos séculos XVIII e XIX em Minas Gerais*. Rio de Janeiro: Publicações do Instituto do Patrimônio Histórico e Artístico Nacional, 1974. v. 1, p. 119). (N.Coord.)

[82] Diogo de Vasconcelos refere-se ao conflito, que "determinou finalmente o rompimento da guerra [dos emboabas]", entre dois paulistas poderosos e um emboaba (forasteiro), antes da missa dominical, na entrada da igreja do arraial de Caeté. Os descobridores queriam tomar uma espingarda, supostamente furtada, que o forasteiro, com soberba, "na forma do costume trazia a tiracolo". Este resistiu ao desarme, com o apoio de outros reinóis, liderados por Manuel Nunes Viana. Viana, sendo desafiado pelos paulistas, os chamou à luta (VASCONCELOS, Diogo de. *História Antiga das Minas Gerais*. Belo Horizonte: Imprensa Oficial do Estado de Minas Gerais, 1904, p. 214-215). (N. Coord.)

sucessivos, celebradas com três coros de músicas e grandes solenidades religiosas, a que assistiram inumeráveis convidados e povos das comarcas de Ouro Preto, da cidade de Mariana e de Sabará. Os festejos foram realçados com cavalhadas e corridas de touros, além de espetáculos teatrais, dizem as crônicas.

Caraça

Na *Vida de Dom Viçoso* achamos a seguinte magistral pintura do Caraça:

> Jaz o santuário dentro de uma bacia, que pode ter uma légua, ou menos, de diâmetro, na maior extensão. Guarnecem-na grossas montanhas e tão empinadas, que ameaçam topetar o céu, cheias de penhascos, que, pela sua forma e pela mesma irregularidade, compõem uma vista cheia de encantos. Povoam essa bacia matas de arvoredo corpulento e secular, intercaladas a espaços de belas campinas, onde as flores e boninas recreiam os olhos com a sua formosura, e com a sua fragrância regalam o olfato. Do alto das penedias se desprendem vários regatos, formando algumas catadupas de tanto primor, que excedem quanto podemos encarecer com palavras, e, depois de pousarem pelo vale, vão engrossar ribeirões e dar nome a rios.[83]

Era esse o sítio que Dom Viçoso amava.

Pelos anos de 1759 ou 1760, apareceu em Minas o fundador da Capela da Nossa Senhora Mãe dos Homens do Caraça, o Irmão Lourenço, que logo excitou a imaginação do povo com seu modo de vida penitente e misterioso. Uns o davam por nobre foragido às perseguições do truculento Marquês de Pombal à família dos Távoras; outros, por um grande arrependido, que expiava culpas. Não é razoável crer-se em qualquer dessas versões, e o que não padece dúvida é que foi um raro exemplo de piedade.

Em seu testamento, aberto em 26 de outubro de 1819, instituiu herdeiro a Dom João VI de seus terras, capela e mais edifícios no Caraça, pedindo ao rei que aí estabelecesse alguma Ordem devotada ao ensino da mocidade

---

[83] Dom Silvério Gomes Pimenta (1840-1922), arcebispo de Mariana, membro da Academia Brasileira de Letras, é autor, entre diversos textos eclesiásticos e religiosos, da obra *Vida de D. Viçoso: bispo de Mariana, conde da Conceição*. 2. ed. Mariana: Tipografia Arquiepiscopal, 1892. O texto citado por Vasconcelos abre o capítulo V dessa edição, com o título "Padre Antônio e Padre Leandro partem do Rio e chegam ao Caraça". (N. Coord.)

e à propagação da doutrina religiosa. Em consequência, deu Sua Majestade o Caraça à Congregação da Missão de São Vicente de Paulo. Em ordem de 31 de janeiro de 1820, determinou o mesmo rei a Dom Manuel de Portugal, governador de Minas, que mandasse o ouvidor de Sabará dar posse judicial aos padres, servindo-lhes de título a ordem régia; e esses padres foram Leandro Rabelo Peixoto de Castro e Antônio Ferreira Viçoso. Declarou Dom João que fazia essa doação, compreendendo a casa, a igreja, terras e mais pertences da herança, com a cláusula de darem hospitalidade a missionários de qualquer outra Ordem; e que, se para o piedoso fim do colégio que tinha em vista não chegassem os rendimentos, as missões fossem socorridas à custa da Real Fazenda. E, assim por esse modo empossados, os dois padres, que ficaram em Minas como verdadeiros tipos de santidade perpetuados na memória do povo, ali fundaram a primeira casa da Congregação no Brasil e o mais famoso colégio que em Minas houve.

Congonhas do Campo

Ao mesmo tempo mais ou menos que se fundava a Capela do Caraça, o Ermitão Feliciano Mendes dava começo à de Nosso Senhor Bom Jesus de Matosinhos em Congonhas do Campo. Era também português de nascimento. Caindo enfermo, e não podendo repatriar-se, deliberou, em cumprimento de uma promessa, erigir, com os poucos bens de que dispunha, uma ermida dessa invocação, que lhe recordava o culto religioso de sua infância, escolhendo o alto do Maranhão, fronteiro à matriz de Congonhas. Em maio de 1757 requereu a Dom Manuel da Cruz licença e provisão para o estabelecimento dessa ermida, em um sítio onde já tinha levantado um cruzeiro. O Vigário Jaime Coelho Pacheco de Araújo Vasconcelos, informando favoravelmente o requerimento, declarou: "O que alega o suplicante é vero; e também o é que a paragem onde quer colocar a imagem é excelente e virá a ser de muita honra de Deus, consolação dos fiéis e aproveitamento das almas". Essa informação foi como profética. Em consequência, Dom Manuel expediu a provisão em 21 de junho do dito ano de 1757.

Tendo requerido também a Dom José I, houve por bem Sua Majestade conceder-lhe licença para erigir a desejada ermida, e, como declarou o rei:

> [...] e por me pertencer *in solidum* a concessão dessa licença, e não ao revendo bispo, que não podia dar, sou servido que o dito Feliciano Mendes sirva de ermitão da mesma ermida para tratar do asseio dela, e com as esmolas que os fiéis cristãos lhe quiserem dar por sua devoção, continuar nas obras da mesma.

Essa provisão régia tem a data de 9 de fevereiro de 1758.

O mesmo ermitão narra o princípio da ermida no primeiro assento que fez das esmolas, dizendo:

> No mês de fevereiro do ano de 1757 principiei a trabalhar para o Senhor Bom Jesus, o tempo que estava com ânimo deliberado de retirar-me das Minas por me achar com moléstias graves, e não podendo mais trabalhar, e estava com o projeto de ver se melhorava no reino para entrar em alguma religião, para trabalhar nela e cuidar somente de minha salvação: foi o mesmo senhor servido, estando eu neste arraial das Congonhas, lembrar-me de lhe pôr eu uma cruz no alto do morro do Maranhão e na beira da estrada que vem para o arraial, com a sua santa imagem, para que os passageiros a venerassem e se lembrassem das almas do purgatório, e se rezasse ou cantasse o santo terço de Nossa Senhora, para ter parte naquelas orações que ali se fizessem alguma alma mais devota do que eu; entrei a trabalhar para o mesmo fim, e, sem mais remédios nem diligência, me acho são de todo e sem a mínima moléstia; pelo que me veio ao pensamento, que seria virtude do mesmo, para que eu me empregasse aqui mesmo no serviço daquela sua santa imagem... (1º de julho de 1758).

Nessa mesma ocasião declarou que tudo quanto possuía era no valor de 720 oitavas, com as quais começou as obras. É de crer que, sendo conhecidas as enfermidades do ermitão, milagrosamente curadas, assim começasse a série de prodígios, que até o presente não cessaram de glorificar a imagem. Tornou-se, pois, em Minas o santuário mais procurado; e as romarias que se fazem todos os anos cada vez aumentam a sua importância. O arraial de Congonhas em grande parte vive desse concurso do povo, que chega das mais remotas paragens. Durante os dias de setembro, período do Jubileu, inumerável multidão aglomerava-se no arraial, dando-lhe e deixando-lhe vida para todo o ano. As administrações do santuário, feitas as obras necessárias ao seu movimento, empreendeu e realizou muitas de caráter público, a principiar pela primeira parte sobre o rio que separa, já bem corpulento, os dois bairros do povoado. É bem para se lamentar que em tão grandes ajuntamentos uma parte dos concorrentes ali se entregue a profanidades e causem distúrbios; mas é sorte das coisas em semelhantes conjunturas. O próprio Ermitão Feliciano Mendes, com ser piedosíssimo, não deixou de errar no sentido de favorecer divertimentos profanos que atraíssem concorrentes às festas, e no inventário a que se procedeu para uma outra administração, incluíram-se 12 baralhos, podendo, pois, os jogos desenfreados alegar o seu atavismo nas boas intenções, aliás inocentes, do pobre fundador.

A Capela do Bom Jesus é uma das mais belas de Minas, em sítio admirável, que de longe se avista no vasto horizonte dos campos gerais. A pureza de linhas, as proporções justíssimas de suas partes dão-lhe direito aos desejos, que todos sentem de vê-la e admirá-la, airosa, ereta e formosíssima no alto da montanha, apinhada esta de casas, sombreada de arvoredos, dominando o vale do rio e o imenso painel das serranias, que se estendem da Itatiaia à Lagoa Dourada. A igreja assenta-se num adro sem igual em outra parte qualquer de Minas, ornado com estátuas dos 12 profetas, cinzel do Aleijadinho. Esse genial artista, que encheu a sua época de obras raras, contratou em 1796 o feitio dessa e das mais estátuas, em número de sessenta, que figuram nos Passos e constituem o conjunto mais completo, no gênero, que existe em Minas. É nesses Passos que podemos estudar a prodigiosa ductilidade do estatuário, que não teve ainda segundo, quer na quantidade, quer na qualidade de suas produções. Temperamento excêntrico, quase iracundo, mas operoso e sensível, esse homem pouco se dava com a beleza plástica de suas figuras. O que queria era que cada uma representasse de modo vivíssimo o pensamento que a punha em cena, o sentimento ou a paixão que a movia. No Passo da Ceia apreendeu ele em feixe a matéria de seu talento; e ali vemos, em cada apóstolo, a sensação com que foi agitado no momento culminante da denúncia, ouvindo o Mestre, em cuja fisionomia plácida se espelha, de seu lado, uma tristeza de olhar penetrante e queixoso. No Passo da Crucificação, o gênio do Aleijadinho concentrou toda a força representativa do episódio. A face do padecente nenhum traço oferece do semblante normal. A feição está horrivelmente transformada pela dor, um feio expressivo que excita a compunção, nervos que vibram aos golpes do martelo, olhos que saíram do mundo e buscam socorro no desamparo, boca de arquejante, sem ar.

Essa divina figura, que nos agita com a emoção do sacrifício, vítima inocente, como se oferece, dominando o quadro, reage contra a perturbação moral que nos impele em torno das mais figuras odiosas, em cujas feições, também decompostas pela ira, se estampa não o sofrimento, mas a crueldade. Eram homens estúpidos, musculosos, habituados aos morticínios, e agora fanatizados, cegos instrumentos.

Se em outros casos o Aleijadinho, através de sua maneira própria, dá que entender o estudo de modelos, como no Horto, em que nos acode com um trecho de Fra Angelico, e assim na Ceia, em que está reproduzido o conjunto de Leonardo, a Crucificação é, pode dizer-se, uma concepção toda original e tirada de sua imaginativa audaciosa e rica, embora quase inculta, a não ser que conhecia e admiravelmente interpretava a história sagrada, a Bíblia inteira. A posição e o movimento das figuras correspondem aí à cena tumultuosa; e o menino ali introduzido traz uma novidade que põe o artista no singular. Outros têm feito as crianças comparticipar da sensibilidade boa e compadecida, receando talvez ferir a convicção do amor com que o Mestre recomendava essa classe inocente.

O Aleijadinho, porém, saltou audazmente sobre a rotina, e nos deu um menino espantado, ajudando o executor e apresentando-lhe um cravo para servir depois do que estava sendo rebatido! Que ideia levou o artista a nos causar essa tristeza? A criança, sendo naturalmente filha do algoz, acaso representa ali a posteridade da raça que pediu sobre si o sangue da vítima? Ou, de um modo alegórico mais abstrato, pode significar também a perversão de sentimentos que com seus exemplos o homem injusto desmoraliza as crianças, fazendo-as cúmplices de sua maldade?

Em todo caso, ao nosso grande escultor devemos essa nota original na tragédia do Calvário.

Outro artista contemporâneo do Aleijadinho, e que parece ter nascido para completar a maravilha de suas obras, colaborou no santuário de Congonhas, encarnando-lhe as imagens e enchendo-lhe de quadros as paredes da capela – Manuel da Costa Ataíde, o pintor admirável do teto de São Francisco de Assis em Ouro Preto, pintura esta religiosa a mais grandiosa, a mais imaginosa do ideal cristão que temos visto. Francisco Xavier Carneiro deu às imagens o encarnado sem lustro;[84] Ataíde pôs-lhes os últimos ademanes e coloridos da cópia natural.

* * *

As obras consumiram grandes somas do santuário; mas ainda com isso o Bom Jesus tinha direito a maior cabedal, se acumulasse os donativos e as esmolas dos fiéis. Em 1827 o inventário judicial acusou um

---

[84] Francisco Xavier Carneiro, mestiço, nasceu na cidade de Mariana, em 1765, e morreu na mesma cidade em 1840. Foi pintor, dourador, encadernador e perito de obras sacras. Pintou os forros das naves das igrejas da Ordem Terceira de São Francisco e da Ordem Terceira do Carmo, em Mariana, e de Nossa Senhora do Rosário, em Itaverava. Xavier Carneiro teria aprendido o ofício com outro pintor insigne das Minas Gerais, João Nepomuceno Correia e Castro (cf. CAMPOS, Adalgisa Arantes. Contribuição ao estudo da pintura colonial: Manuel Ribeiro Rosa (1758/1808). XXX Colóquio CBHA. *Anais...*, 2010, p. 569). (N. Coord.)

monte de 19:415$321 réis. Sem base, não se proferem sentenças; mas tão insignificante acervo para setenta anos de rendimentos e sacrifícios dos fiéis induz a conjectura pelo menos de administrações mal-avisadas, guarnecendo-se o cofre do santuário com o célebre tonel sem fundo.

Em consequência, a Mesa [da Irmandade de Bom Jesus de Matozinhos], composta dos irmãos João Pedro de Jesus Maria, Manuel Ferreira de Azevedo, Padre Antônio José Cardoso e Romualdo José Monteiro de Barros, em nome do santuário, representou ao imperador, em 1827, no sentido de ser a capela e os bens do Bom Jesus entregues aos padres de São Vicente.

O exemplo do Caraça influiu para essa resolução, querendo os irmãos do Bom Jesus que viessem os congregados e ali instalassem um colégio de instrução primária e secundária, servindo as rendas do santuário para reforço das despesas que se fizessem com alunos pobres. A instrução era a máxima necessidade da época, e, além do seminário de Mariana e do Caraça, nenhum internato havia na província.[85]

Acolhida com toda satisfação pelo imperador a proposta, expediu-se o aviso de 9 de junho de 1827, pelo qual Sua Majestade mandou que o vice-presidente da província, então o Cônego Santa Apolônia, promovesse, quanto em si pudesse, o estabelecimento do colégio, e que, fazendo proceder a um inventário de tudo quanto pertencesse à capela de Matosinhos, fosse entregue aos padres de Congregação da Missão, com a cláusula, porém, que a administração do mesmo colégio fosse separada da do Caraça, e devendo também ficar exarado nos estatutos o número de alunos que poderiam ser admitidos, as matérias do ensino e mais particularidades relativas; mas tudo debaixo do mesmo plano do Colégio do Caraça.

Em consequência desse aviso ou portaria, veio o juiz de São João del-Rei, Doutor Aureliano de Souza e Oliveira Coutinho, depois Visconde de Sepetiba, proceder ao inventário e fazer a entrega dos bens aos

---

[85] Os padres lazaristas da Congregação da Missão tiveram importante papel na educação oitocentista no Brasil, atendendo às demandas do ensino e das elites ciosas do valor da educação para a condução de cargos políticos dirigentes. Originalmente composta de padres e irmãos missionários, a congregação assumiu crescentemente a função educativa de feição humanista clássica. Manteve colégios em Campo Belo/Campina Verde (1827-1830), em Congonhas do Campo (1827-1860) e na serra do Caraça (1820-1912); dirigiram seminários e atuaram nas esferas provincial e nacional por meio da elaboração de currículos e de regulamentos – caso do Colégio de Nossa Senhora da Assunção (1840), Ouro Preto, e do Colégio Dom Pedro II (1837), Rio de Janeiro. (N. Coord.)

padres, o que teve lugar em fins de agosto daquele ano de 1827. O superior da congregação, Padre Leandro Peixoto, reitor também do Colégio do Caraça, empossando-se do santuário, nomeou para reitor do Colégio de Congonhas e administrador o Padre José Afonso de Morais Torres, notável sacerdote que depois foi bispo do Pará.

Barbacena

A freguesia da Piedade teve primeiramente o seu sacrário na Capela do Registro (fazenda hoje dita da Borda do Campo). O Vigário Antônio Pereira Henriques obteve do Bispo Guadalupe, em 19 de agosto de 1726, a provisão que este lhe passou em visita, a fim de se construir a matriz em sítio conveniente, que fosse na Duas Caveiras. Tomou-se, em virtude disso, com todas as formalidades, posse do terreno e circunvalou-se o necessário espaço, declarando nesse ato Estevão Reis da Mota e seu sócio José Pires dos Reis que, se essa área pertencesse à sua fazenda das Duas Caveiras, fariam a respectiva doação, e bem assim davam a Nossa Senhora da Piedade duas restingas de mato, que estavam de um e de outro lado do córrego. Nesse mesmo tempo, quando se mediu o terreno para a igreja, muitos tomaram posse de lugares para levantarem casas, inclusive os doadores. A obra foi contratada por escritura de 5 de novembro de 1743; a de taipa, com João de Faria, por 3:050$000 réis, e a de madeira, com os carpinteiros João Batista Franco e Sebastião Rodrigues Salgado, por 3:660$000. A comissão construtora foi composta de Antônio Rodrigues Torres, de Lavras Novas; de João Calheiros de Araújo, do Samambaia; e de Antônio da Costa Negreiros, do Barroso: todos os três homens solteiros, para melhor servirem nas diligências de donativos. Era vigário o Padre Manuel da Silva Lagoinha. A obra começou em 1745. Dom João da Cruz visitou o registro em 1743; e Dom Manuel da Cruz, finalmente, foi quem benzeu e instalou o sacrário da nova matriz, em visita no ano de 1752.

(Extraído do Arquivo Episcopal de Mariana).

Ordem do Carmo
(*Mariana*)

Esta Ordem foi instituída em Mariana por breve pontifício (Bento XIV) de 15 de maio de 1751 e patente do mesmo ano. Por nessa patente se designar "Ordem do Carmo de Minas Gerais", houve demanda com a

Ordem de Ouro Preto, pleito renhido, que só se terminou com cada terra ficar com a sua. As ordens terceiras antigamente eram criadas dando-se-lhes um vasto distrito, em cujas localidades angariavam irmãos perante um altar estabelecido com o nome de *presídia* nas matrizes. Foi o ponto da discórdia.

Em Mariana, a Ordem congregou-se na capela de São Gonçalo a 9 de novembro de 1758. No termo de instalação desse dia usa-se do advérbio *novamente*, que dá a entender não era a primeira reunião ou congresso dos irmãos. Os oficiais da Mesa, que fizeram a instalação em 1758, foram: prior, João Pinto Alvares; secretário, Antônio de Santiago Salazar; comissário, Padre Manuel Pereira de Pinto; definidores, Domingos Gonçalves Fontes, João da Costa Azevedo e José Gonçalves Pereira.

Em 29 de maio de 1759, presentes os oficiais e muitos outros irmãos, deliberou-se nestes termos:

> Atendendo aos dissabores que os irmãos da Irmandade do Glorioso São Gonçalo têm dado aos irmãos desta venerável Ordem 3ª, e por se evitar os mais que poderão acontecer, ordenou-se ao irmão procurador geral que comprasse uns chãos, que estão ao pé da praça nova desta cidade com cinco esteios metidos, pertencentes ao Doutor Francisco Xavier dos Santos para neles se fazer capela em que esta venerável Ordem se estabeleça para fazer seus atos e funções, e como não haja licença de Sua Majestade fidelíssima para fazermos capela própria, determinou-se fizesse com a invocação do Menino Jesus, enquanto se recorria ao dito senhor, e para constar.

Além das mais assinaturas, vemos José Gonçalves de Pinho, José Dias da Silva Barbosa e José de Barros Viana.

Em 31 de julho desse ano dito de 1759, mandou-se comprar também uma morada de casas *místicas* a outras já compradas, visto ser acanhado o terreno adquirido para a capela.

Em 14 de agosto concordaram unanimemente que os irmãos procurador geral e administrador das obras chamassem maior número de oficiais para que se adiantasse o serviço e a capela ficasse pronta, a fim de se trasladarem no dia 14 as imagens e de se instalar a capela no dia 15 de outubro, festivo de Santa Teresa.

Efetivamente, no desejado dia 14, às 4 horas da tarde, saíram as imagens de Nossa Senhora do Carmo, de Santo Elias e de Santa Teresa, em procissão soleníssima, da capela de São Gonçalo, sendo o percurso a rua de São Gonçalo, rua Direita, rua da Olaria, largo do Palácio (para o bispo vê-la), rua das Mercês (dita então quarta travessa) rua nova (dita de São João) e praça nova, e entraram para a capela do Menino Jesus (hoje dito Carminho Velha). As imagens ainda felizmente são as mesmas. A imagem do Menino Jesus, porém, que serviu na instalação, era emprestada; e a Ordem, em mesa de 26 de dezembro, mandou fazer a que hoje está no altar-mor, visto a Ordem ter determinado que fosse o seu patrono.

Alcançada a licença da Majestade fidelíssima, a Ordem, em 1782, ajustou com o mestre Domingos Moreira a construção do templo atual, trabalhando o mestre com 3 escravos e recebendo 400 mil réis anualmente. Era então secretário Joaquim de Couto Lisboa. [Na década de 1780], estando [já] arruinada a capela do Menino Jesus, e em construção o templo, mandou-se guardar a prata em casa particular. Em 1823 mandaram desmanchar a dita velha capela até a altura dos púlpitos; desenterraram-se desse trecho os ossos dos irmãos, que passaram a ser inumados na parte restante, convertida em cemitério da Ordem até o presente. Já então o culto funcionava na nova atual igreja. Retirando-se as imagens para esta, deixaram naquela a imagem de Nossa Senhora do Carmo, que veio de São Gonçalo, e colocaram na nova uma outra, que de propósito adquiriram do reino. Em lugar de Santo Elias e Santa Teresa, que passaram para os nichos onde estão, deixaram na velha capela efígies em aquarela de Santo Eduardo, rei de Inglaterra, e Santa Teresa. Em consequência de uma reconstrução, a imagem do Carmo, fundadora, foi cedida a uma igreja de fora, e as pinturas com o reboque desapareceram. Nada há o que choque mais o sentimento que ver modificado o meio em que repousam nossos mortos!

São Pedro em Mariana

Esta igreja pertencente à Irmandade dos Clérigos do bispado de Mariana foi traçada pelo mesmo insigne arquiteto do Rosário de Ouro Preto; e seria o templo mais majestoso de Minas quando concluído. As obras ficaram suspensas desde 1785 até o arcebispado de Sua Excelência Senhor Doutor Helvécio,[86] que mandou concluí-las.

---

[86] Dom Helvécio Gomes de Oliveira (1876-1961) foi bispo de Corumbá e do Maranhão. Foi transferido para Mariana, onde devia exercer as funções de bispo coadjutor de Dom Silvério Gomes Pimenta, mas, com o falecimento deste último, tornou-se arcebispo da Sé marianense em 1923. (N. Coord.)

A Sé de Mariana

A Sé, vasta e grandiosa, nada tem de singular no exterior. Já se disse como a capelinha da Conceição, fundada pelo primeiro provador, Antônio Pereira Machado, passou a matriz e veio ser a Sé (*vide História Antiga das Minas Gerais*).

A substituição da capelinha começou a ser feita em 1709; e o rei em 1712 mandou que a câmara concorresse com 8 mil oitavas para a obra, que corria por conta e administração da Irmandade do Sacramento. A obra concluiu-se em 1734. Era de taipa de pilão e madeira de lei, então abundantíssima no local da vila. Em 1746 a irmandade cedeu-a para catedral mediante condições. Em tempo do primeiro Bispo Dom Manuel fez-se o adro e aumentou-se a capela-mor para o coro, recuando-se o altar-mor, como bem se nota nas duas abóbadas em forma de barrete, separadas por um arco fundado em dois magníficos florões, que disfarçam a emenda. Em um dos espaldares dos cônegos, em meio às pinturas orientais que os adornam, imitando o charão, lê-se a data de 1762, a da conclusão, evidentemente. Nessa época aumentou-se também a igreja com a sacristia dos cônegos. Em 1784 foi ela em grande parte reconstruída no telhado, nas torres e nas paredes externas.

O interior da Sé representa a forma clássica das basílicas; mas no puro estilo romântico. É toda formada em arcos de várias e devidas dimensões, que lhe dão majestade e beleza consoantes ao aspecto religioso de seu destino, todo singular, como cabeça e mãe das igrejas de Minas. A simplicidade de sua admirável arquitetura impressiona logo que se entra e apanha-se o conjunto no tom combinado de luz que abastece o recinto num arrebol suave e tranquilo. A capela-mor é a mais luminosa, como convém à sensação do crente.

A escultura em talha do altar-mor apresenta-nos o estilo jesuítico das nossas mais antigas igrejas: colunas torcidas, folhagens e anjos, e retábulo amplo e recortado de flores estilizadas, profusamente liberalizadas nos intervalos. Nos altares laterais, realmente majestosos, em que acaba a cruz latina, o estilo já representa a evolução do barroco. As colunas são menos torcidas, a espiral mais elegante, a talha mais simples, o *rocaille* de uma pureza encantadora. Os anjos que servem de atlantes, sobretudo no altar de São Miguel, são obras-primas, verdadeiras joias artísticas.

Nas naves laterais há três capelas de cada lado, com altares feitos em diferentes épocas. O de Santa Bárbara, felizmente, não foi substituído, para nos conservar o tipo da matriz com a sua simplicidade provisória; tábuas lisas, mas cuidadosamente medidas e proporcionadas. Os mais altares, é tradição que foram sendo substituídos por cônegos ricos, cada um deixando na Sé a memória de seu nome; e o de Santa Apolônia comprova essa tradição, feito pelo notável cônego que tanto figurou mesmo em nossa política. A talha, como dizíamos, varia, e a do altar de São João Evangelista é belíssima de ornatos romanos de acantos e volutas, em estilo plateresco, primoroso e simples. Os altares mais modernos da Sé ficam aos lados da entrada do coro e pertencem à Senhora da Conceição e a São José, duas imagens iguais, obras do Porto e belíssimas. Esses altares não entraram de princípio no plano geral do templo; são modernos, como a própria talha demonstra. Tendo a Sé mudado de padroeira, cremos que se construíram esses retábulos, um, para a Conceição, e logo para São José o outro, para os quais se mandaram vir as imagens do mesmo feitio e igual estilo. O incidente que houve por ocasião de se colocarem os três Sagrados Corações no sacrário do altar de São José induz a crer que os dois altares foram feitos em tempo de Dom Manuel.

Entretanto, o painel que está no altar-mor é da Conceição. Na sacristia é que está um quadro da Assunção, igual ao que se venera na Sé de São Paulo, padroeiro de ambos os bispados.

Não era conveniente, nem possível, que se retirasse da nossa catedral a admirável e extraordinária tela de Conceição, uma das mais belas pinturas religiosas que existem. Esse quadro foi de propósito feito para a Sé, visto ter o artista contado com os efeitos da luz e guardado as distâncias. Colocado o observador no meio da igreja, e em altura do tapa-vento, é que a pintura sobressai perfeitíssima, tomando a figura da Virgem e a dos anjos as proporções justas, o movimento adequado, e a luz pendente entre nuvens gradua-se num céu ainda absoluto, sem pontos de referência.

Um outro quadro, no corredor da sacristia, parece ter saído da mesma palheta, representando a Fuga do Egito, a inspiração vem naturalmente de pontos diversos. Na Conceição vence o ideal puro, o pensamento divino, o mistério luminoso incriado. Na Fuga está a natureza em cena. O assunto é humano, é histórico. A Mãe fez o que todas as mães fariam. Cheia de cuidados, resignada, transporta o menino, que dorme inconsciente no seu regaço, e só ela medita nos perigos que a cercam.

Dos episódios da Virgem é este o sentimental, o que não se envolve de milagres nem de circunstâncias pessoais únicas. Adapta-se à emoção de todas as mães colocadas no mesmo aperto; pois nenhuma nesse ponto é menos sacrificada. O pintor, que ali nos dá um São José admirável, a nosso ver diminui o patético do quadro pondo-lhe um anjo em auxílio e dirigindo a marcha. Melhor seria que o grupo adorável, animado pelos próprios afetos, isolado no deserto, nos desse uma situação puramente naturalista. A ideia do Menino Deus, todavia, confiado aos cuidados e ao amor humano, fixaria no quadro o encanto da confirmação divina, que quis associar nossa natureza no plano de seus desígnios.

O pintor desses quadros foi o mesmo que parece ter feito os painéis das matrizes de São Sebastião e do Furquim. Em São Sebastião é o mártir exangue, moribundo, socorrido pelas próprias irmãs, quando pensavam os verdugos que já estivesse morto. No Furquim o painel é da Ascenção do Senhor, padroeiro da paróquia. O exame dessas obras nos persuade que foi esse artista que criou a escola da qual foi Manuel da Costa Ataíde o maior discípulo, suposição autorizada pelos quadros que este nos deixou em várias igrejas em Mariana, em Ouro Preto e em Congonhas. No teto da sacristia de São Francisco, em Mariana, há um quadro do Ataíde para se observar em duas perspectivas, que mais vale ver-se que descrever-se.

O palácio da Vila do Carmo

Nenhum monumento dos primeiros tempos se conservou intacto como até o presente se acha o palácio da Vila do Carmo, em que morou o Conde de Assumar. As próprias igrejas e capelas, umas já não existem, outras foram reformadas, e só aquele palácio resistiu à foice dos séculos, graças às peripécias de seu destino.

Em vista do ofício de 24 de maio de 1714, em que Dom Brás Baltazar pediu que se comprasse a casa de Manuel Antunes de Lemos, conclui-se que o palácio começou a ser construído de 1715 em diante, e, como nele veio o conde residir em fins de 1717, pelo menos já nesse ano estava em ponto de ser habitado.

Segundo se lê no *Triunfo Eucarístico* (1733), os governadores até essa época habitavam ora em Vila Rica, ora no Carmo, e, ainda em 1734, os cavalos da Fazenda Real permaneciam no campo da Vila do Carmo, e bem assim os quartéis.

Em 1744, por carta de 7 de junho, foi que o rei, por estarem os governadores de morada fixa em Vila Rica, mandou restituir à câmara do

Carmo o palácio, que a esta pertencia. Recebendo-o, a câmara mandou consertá-lo em ordem a hospedar o primeiro bispo, quando chegasse a tomar posse; e assim temos no Arquivo da Câmara Municipal[87] um registro de contrato para tais obras, pelo qual se vê que, salvo a pequena modificação de uma janela, convertida em porta nas lojas, o prédio se mostra inteiramente na forma e na disposição por que foi construído.

Em 1748, o Bispo Dom Manuel da Cruz, vindo instalar o bispado, entrou a residir nele até 1756, quando se mudou para a chácara da Olaria, doada ao seminário por João Torres Quintanilha, a qual se converteu em palácio episcopal, e começou a ser chamada palácio novo.

O palácio velho passou em 1758 a pertencer à Ordem Terceira da Penitência, destinado a consistório e a domicílio dos reverendos comissários, como até hoje.

E assim o cenário de tantas lutas, convertido ao serviço da religião, pôde salvar-se, único monumento que resta inalterável dos primitivos tempos das Minas.

Termo

Aos 8 dias do mês de abril de 1711, nas casas em que moram o Senhor Governador Capitão-General Antônio de Albuquerque Coelho de Carvalho, achando-se presentes em junta geral, que o dito senhor chamou para este dia, as pessoas e os moradores principais deste distrito do Ribeirão de Nossa Senhora do Carmo, lhe fez presente o dito senhor que, na forma das ordens de Sua Majestade, a que Deus guarde, tinha determinado levantar vila neste distrito e arraial, por ser o sítio mais capaz para ela, e como para se erigir era conveniente e preciso concorrerem os ditos moradores para a fábrica de igreja e casa da câmara e cadeia, como era útil e pertencia a todas as repúblicas, deviam eles ditos moradores, cada um conforme suas posses, concorrerem para o dito feito, com aquele zelo e vontade que esperava de tão bons vassalos do dito senhor; e assim deviam nesse particular dizer o que entendiam,

---

[87] Denomina-se de Arquivo da Câmara Municipal de Mariana, que guarda a documentação administrativa camarária produzida entre os séculos XVIII e XX. Os códices intitulados "arrematações públicas" ou "contratos de obras" compõem uma série de treze livros. No Arquivo Público Mineiro, ainda há um livro da câmara de Mariana que se refere a arrematações. (N. Coord.)

sujeitando-se a viverem com aquela boa forma que são obrigados: o que visto e ouvido por todos eles uniformemente ajustaram e concordaram que eles desejavam viver neste distrito com vila e forma de república, sujeitos às leis e justiças de Sua Majestade, e como leais vassalos, em concorrerem, conforme as suas posses, para tudo o que fosse necessário para o levantamento da vila neste distrito e arraial do Carmo por ser o mais capaz; e assim ajudarão a fazer a igreja, a casa da câmara e cadeia não só os presentes, mas os mais moradores e todos os mais da jurisdição deste distrito, a que não deviam faltar, fiadas que Sua Majestade, a quem Deus guarde, lhe ponha também aquela boa forma de justiça e desejam viver sujeitos, e desta sorte esperavam dele dito general, que em tudo os ajudasse, protegesse e advertisse para que com todo o acerto se igualassem os seus procedimentos e obrigações de vassalos; e de como todos no sobredito convieram, assinaram aqui comigo Manuel Pegado, secretário deste governo, que o escrevi este termo por ordem do Excelentíssimo Senhor Governador Capitão-General Antônio de Albuquerque Coelho de Carvalho.

Antônio de Albuquerque Coelho de Carvalho
Antônio de Freitas da Silva
Domingos Fernandes Pinto
José Rebelo Perdigão
Leonardo Nardes Arzão de Vasconcelos
Manuel Nunes de Lemos
Antônio Correia Ribeiro
Francisco de Campos
Rafael da Silva e Souza
Pedro Teixeira de Cerqueira
José de Campos
Antônio Correia Sardinha
Bartolomeu dos Santos
Manuel Alves Fragoso
Jacinto Barbosa Lopes
José de Almeida Chaves
Manuel da Silva e Souza
Bernardo Chaves Cabral
Manuel Ferreira Vicente
Torquato Teixeira de Carvalho
João Delgado de Camargos
Felipe de Campos
Manuel da Silva Leme
Sebastião Muniz Costa
Jerônimo de Oliveira de Azevedo
Sebastião Pinto Ferreira
Francisco Ribeiro de Morais
Fernando Ricardo de Andrade
Jacinto Nogueira Pinto
Antônio Rodrigues de Souza
Juvêncio Sampaio de Almeida
Francisco de Oliveira Monteroizo
Pedro Correia de Godoi
José de Ramos da Afonseca

■ Catedral da Sé de Mariana.

162

1. Frei Manuel da Cruz
(posse 1748 - morte 1764)

2. Frei Domingos da Encarnação Pontevel
(posse 1779 - morte 1793)

3. Frei Cipriano de São José
(posse 1798 - morte 1817)

4. Frei José da Santíssima Trindade
(posse 1820 - morte 1835)

5. Dom Antônio Ferreira Viçoso
(posse 1844 - morte 1875)

6. Dom Antônio Maria Correia
de Sá e Benevides
(posse 1877 - morte 1896)

7. Dom Silvério Gomes Pimenta
(posse 1897; promovido a arcebispo
1907; morte 1922)

Acervo: Museu Arquidiocesano
de Arte Sacra de Mariana.

Prospecto da Chácara da Caza da Residên-
cia no seu reverso, donde se vê tambem o Se...

■ "Prospecto da Chácara da Casa da Residência Episcopal vista da janela do meio da mesma casa no seu reverso, donde se vê também o Seminário e parte da cidade de Mariana". Aquarela de José Joaquim Viegas de Menezes; 40,5 x 60,5 cm, 1809. Paço Episcopal de Mariana. Acervo: Museu Arquidiocesano de Arte Sacra de Mariana.

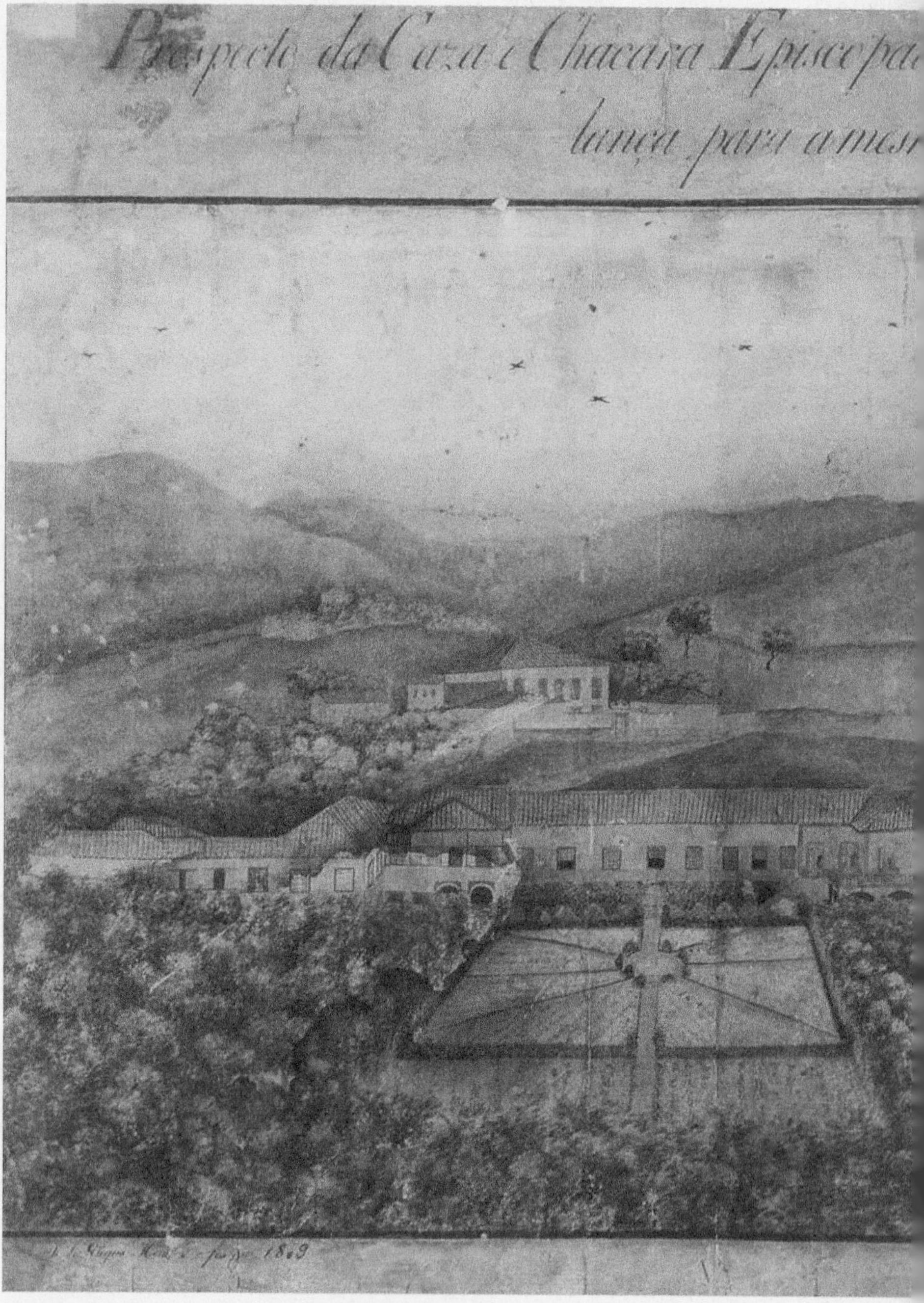
Prospecto da Caza e Chacara

■ "Prospecto da Casa e Chácara Episcopal vista de uma janela do Seminário que lança para a mesma Chácara em Mariana". Aquarela de José Joaquim Viegas de Menezes, 54 x 70 cm, início do século XIX. Paço Episcopal de Mariana. Acervo: Museu Arquidiocesano de Arte Sacra de Mariana.

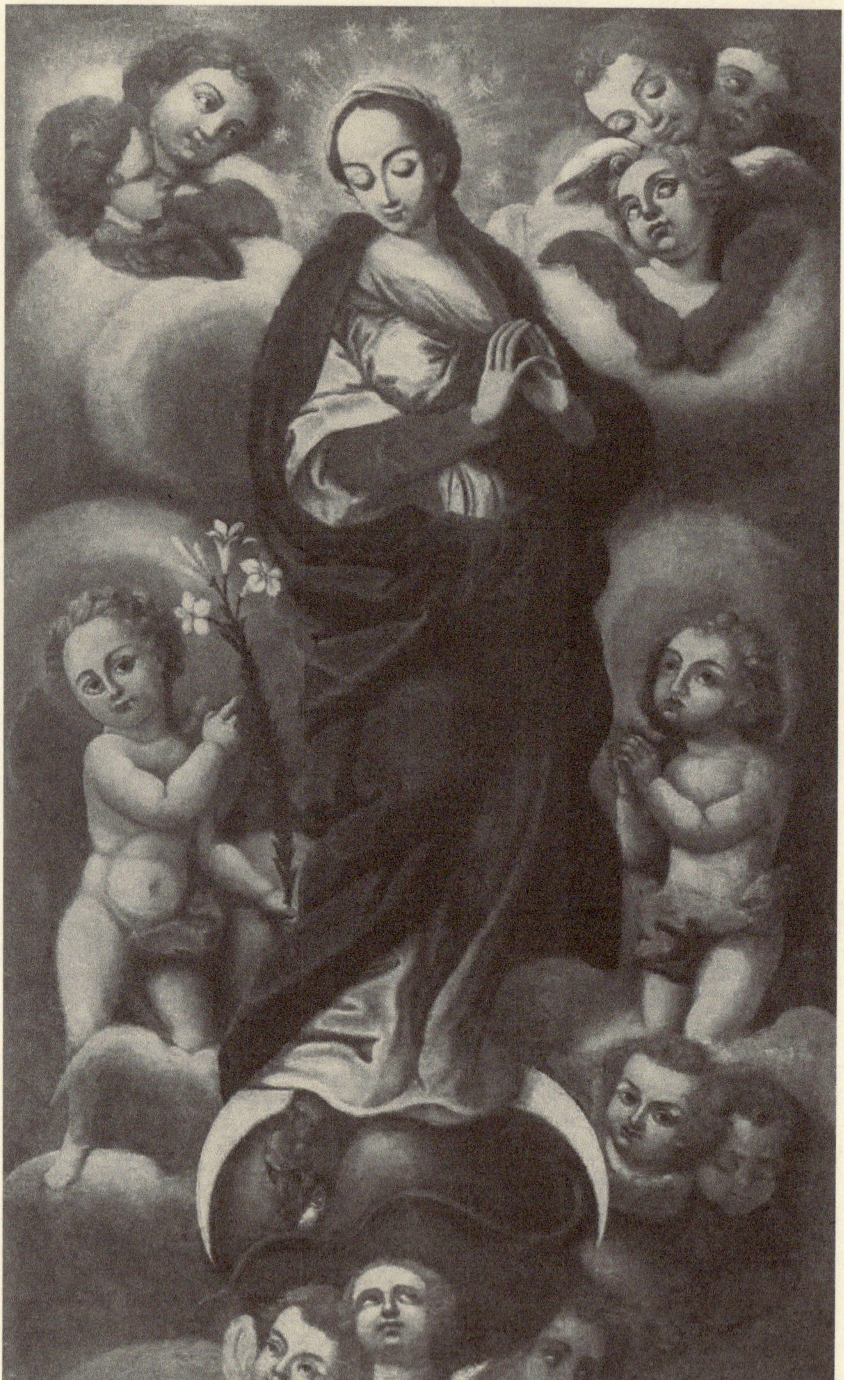

■ Nossa Senhora da Assunção, óleo sobre tela, autoria desconhecida, 258 x 174 cm, século XVIII. Sacristia da Catedral da Sé de Mariana. Acervo: Museu Arquidiocesano de Arte Sacra de Mariana.

■ Página anterior: Nossa Senhora da Conceição, óleo sobre tela de João Nepomuceno Correia e Castro, 82 x 64 cm, século XVIII. Igreja Matriz de Bom Jesus do Monte do Furquim/Mariana. Acervo: Museu Arquidiocesano de Arte Sacra de Mariana.

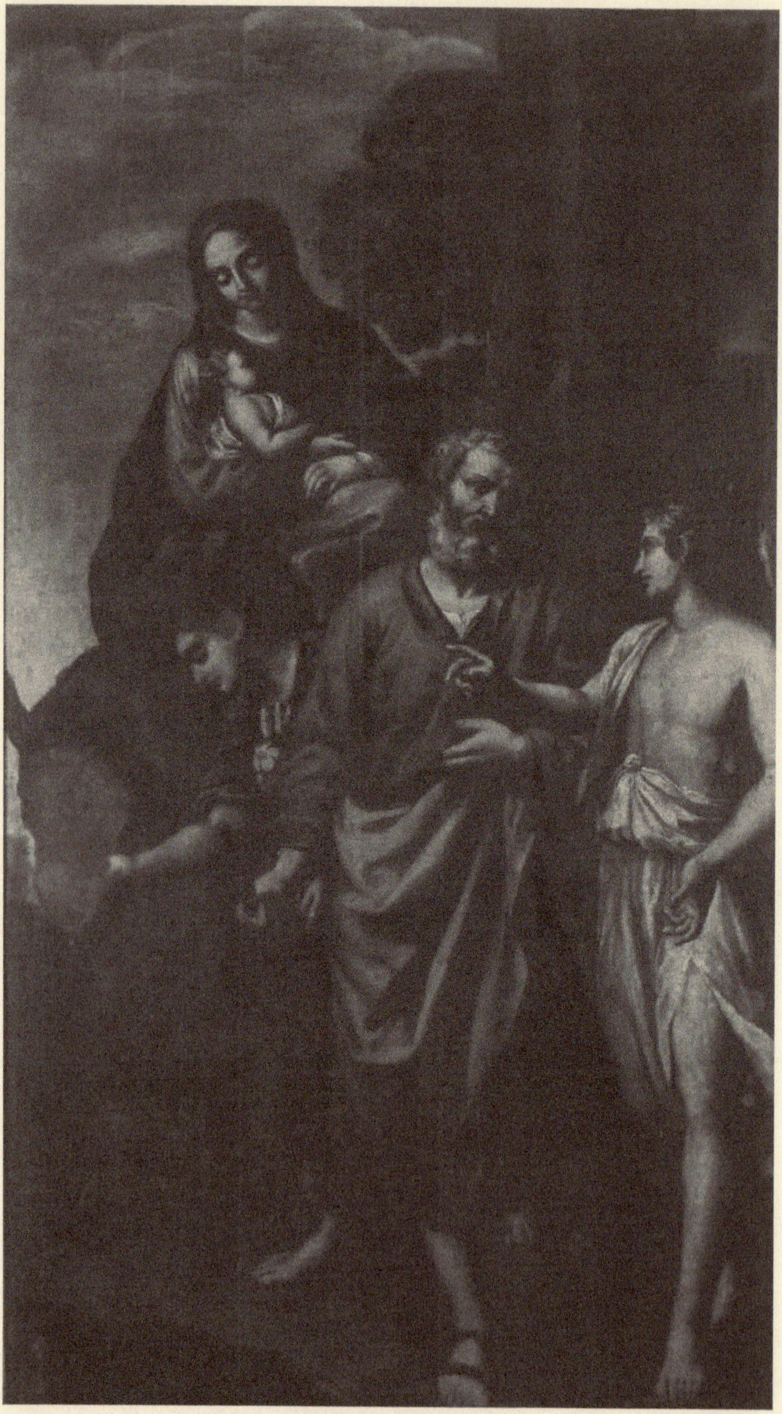

Igreja da Ordem Terceira de São Francisco de Assis, Ouro Preto.

Página anterior: *Fuga para o Egito*, óleo sobre tela, possivelmente de origem italiana, 264 x 174 cm, século XVIII. Catedral da Sé de Mariana. Acervo: Museu Arquidiocesano de Arte Sacra de Mariana.

■ Casa capitular e aljube ou prisão dos padres, Mariana.

■ Página seguinte: Seminário de Nossa Senhora da Boa Morte, Mariana.

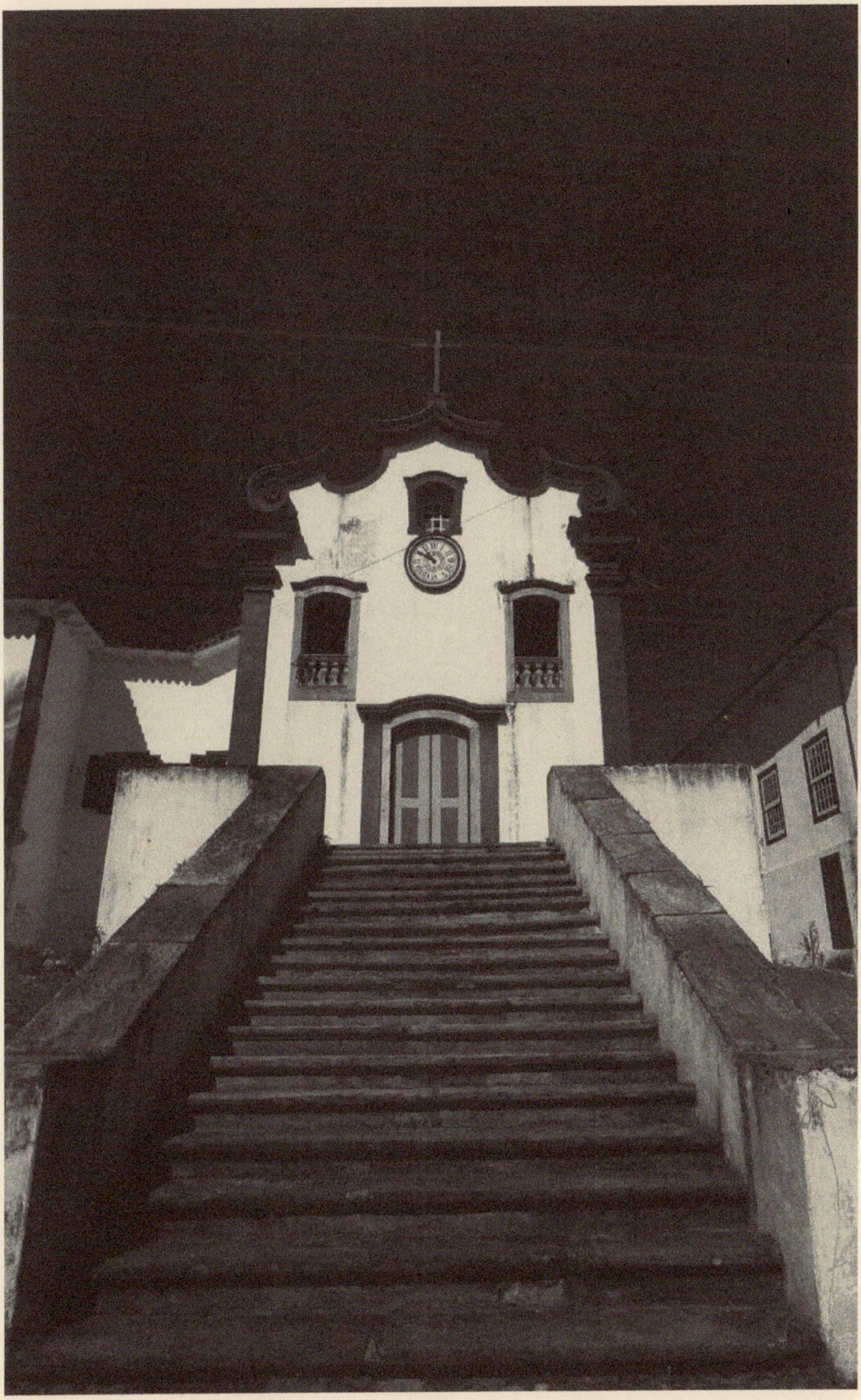

Conjunto do Caraça, Catas Altas.

Igreja de São Pedro dos Clérigos, Mariana.

Fonte: Museu da Música da Arquidiocese de Mariana.

175

Foto: Francisco Eduardo de Andrade

■ Palácio do governo da capitania de São Paulo e Minas, posteriormente palácio episcopal de Frei Manuel da Cruz, Mariana.

Foto: Francisco Eduardo de Andrade

■ Antigo palácio dos Bispos da diocese de Mariana.

Glossário

agravo – forma de recurso (em casos de sentença interlocutória ou de instância em que não cabia apelação) a juiz superior, visando reformar o processo e a decisão anterior.

antífona – versículo que se diz ou se entoa antes de um salmo ou de um cântico eclesiástico, sendo cantado por inteiro ou repetido alternadamente em coro.

arcediago – principal dignidade eclesiástica, presidente presumido do cabido diocesano, era responsável pela conservação dos bens e dos ritos da Sé. Esse sacerdote destacava-se, como autoridade, no cerimonial litúrgico da catedral, sendo ainda o celebrante substituto do bispo na ausência ou no impedimento deste.

arcipreste – segunda dignidade da Sé e membro do cabido diocesano, era atuante na condução do coro capitular e dos capelães. Esse eclesiástico tinha a função de fiscalizar os preceitos e ritos litúrgicos e a administração da fábrica da Sé.

arianismo – doutrina cristã de Ário, relacionada à negação da unidade e da consubstancialidade das três pessoas da santíssima trindade e, em consequência, da divindade de Jesus Cristo. Foi abolida pelo catolicismo nos concílios de Niceia (325) e de Constantinopla (381).

arquiconfraria – confraria ou irmandade com pretensão a preceder às demais.

aspersório – artefato para aspergir água benta na cerimônia religiosa.

atlante – estátua com figuração humana que sustenta, sobre a cabeça ou sobre os ombros, os entablamentos, as colunas ou as cornijas.

banqueta – primeiro degrau sobre o altar-mor, onde deviam ser colocados os castiçais com velas.

barrete – chapéu com pontas, pequeno, usado por clérigos seculares e regulares em funções litúrgicas.

bastidor – aparelho para bordar, composto de um caixilho de madeira com tiras de lona que sustentam e retesam o estojo do bordado.

bula [papal] – carta ou diploma remetido da Sé romana com determinação ou concessão papais, cujo selo de chumbo pendente, trazendo imagens de São Pedro e São Paulo e o nome do pontífice, foi o que deu nome ao documento.

Bula da Santa Cruzada – instituto de indulgência e mercê papais aos concessores de determinadas esmolas para sustentar a guerra contra os infiéis. Posteriormente, esses recursos foram usados na manutenção da Igreja católica.

cabeção – gola ampla e pendente que se prende ao colarinho na veste sacerdotal.

canhão – extremidade da manga, geralmente usada em vestes e uniformes, disposta de forma que pareça uma dobra desta.

canonicato – benefício próprio dos cônegos, os sacerdotes que assistiam às diversas cerimônias sagradas na catedral e integravam a mesa capitular ou o cabido diocesano (colegiado para consultas ou deliberações administrativas sobre a Sé).

carneiro – nicho onde se guardavam os ossos dos cristãos defuntos.

carta pastoral – texto de conteúdo doutrinário, moralizante e disciplinador, produzido pelo bispo e dirigido aos fiéis e aos agentes pastorais da diocese.

carta rogatória – expediente pelo qual o juiz pede à Justiça de outro país a realização de atos jurisdicionais que lhe competem ou solicitação que provém de uma Justiça estrangeira.

catecúmeno – aquele que se instruía na doutrina cristã, através do catecismo, preparando-se para receber o sacramento do batismo.

chantre – terceira dignidade mais prestigiosa da Sé, era o sacerdote responsável pela regência do coro na catedral (o que não obrigava que fosse músico), devendo conferir as cerimônias litúrgicas, inclusive as procissões. Ele devia zelar pelo ensino do canto aos meninos do coro.

charão – verniz à base de goma laca, proveniente do Oriente, que se passava em obras de madeira.

clérigo regular – eclesiástico que pertencia a uma congregação ou ordem religiosa, subordinando-se à regra de casa conventual ou mosteiro integrado a uma província.

clérigo secular – sacerdote ou eclesiástico do século, isto é, agente da administração pastoral ordinária da sociedade, não pertencendo a nenhuma ordem religiosa.

coadjutor – sacerdote que auxiliava o vigário ou pároco nas funções eclesiásticas, substituindo-o quando havia necessidade ou licença.

comarca [eclesiástica] – divisão territorial do bispado, sob a jurisdição do vigário da vara.

comenda – benefício prestigioso concedido a cavaleiro de ordem militar em retribuição aos seus serviços.

comissário – agente eclesiástico, escolhido pela mesa administrativa das ordens terceiras (carmelita ou franciscana), com determinadas funções de visitador pastoral, zelando pelo cumprimento das obrigações espirituais e materiais dos terceiros.

cônego doutoral – dignidade eclesiástica que considerava e explicava, no âmbito restrito da mesa capitular, as matérias de direito canônico e direito civil relacionadas a demandas judiciais.

cônego penitenciário – dignidade eclesiástica que detinha as funções paroquiais na Sé, administrando os sacramentos.

côngrua – remuneração régia concedida ao pároco ou vigário para o seu sustento.

consistório – local da assembleia de fiéis ou de congregados da irmandade ou da ordem terceira. Situava-se na parte interna do templo, muitas vezes acima da sacristia.

consoada – refeição ligeira que se faz à noite nos dias de jejum (mais expressivamente na época da Quaresma).

contraponto – composição e concordância harmoniosa de vozes ou de instrumentos musicais em superposição de trilhas melódicas.

coro – espaço privilegiado, adjacente ao altar-mor da igreja catedral, onde ficavam os cônegos capitulares e os capelães quando oficiavam, com cantos e orações, as cerimônias religiosas.

correição – visita do juiz corregedor (ou ouvidor), na sua comarca, para fiscalizar as ações dos oficiais do Estado e corrigir supostos desvios administrativos e judiciais.

corveia – serviço gratuito prestado pelos servos, ou camponeses, aos senhores feudais em determinados dias da semana.

cura – denominação do pároco ou do capelão com atribuições sacramentais. Era o agente do curato ou da capela com fregueses.

cúria – na diocese, é a organização governamental, administrativa e judiciária da Sé (a sede episcopal onde está erigida a catedral).

definidor – irmão que era membro da mesa administrativa das ordens terceiras (carmelita ou franciscana), atuando em função espiritual ou em função temporal previstas nos estatutos da congregação.

devassa – no foro eclesiástico era a ação judicial (inquisitorial) não dependente de um processo acusatório específico. Provinha de delação ou denúncia, que o visitador diocesano estimulava, e de inquirição das testemunhas.

diaconisa – na igreja primitiva, mulher de diácono, investida de funções análogas às do diácono.

diácono – clérigo que não possuía todas as ordens para o exercício sacerdotal, sendo um auxiliar do padre ou presbítero nos ofícios religiosos.

encomendação – procissão de penitentes na Quaresma, orando pelas almas do Purgatório; oração por um defunto feita antes da inumação do corpo.

encomendado – relacionava-se ao clérigo beneficiário da administração paroquial. Dizia-se do múnus pastoral do pároco.

estilo plateresco – expressão que remete ao artífice que esculpe ou manuseia a prata (em espanhol, *platero*). Compõe-se de ornamentos que agregam motivos decorativos de procedências distintas (mouro, gótico, renascentista), como, por exemplo, formas rendadas, medalhões, pilastras, grotescos.

fábrica – rendimento necessário à manutenção do templo e dos seus cultos (visados na "fábrica da sacristia").

fabriqueiro – aquele que se encarregava de recolher os rendimentos da capela, administrar-lhe o patrimônio e zelar pela conservação do templo, com as suas alfaias e seus paramentos.

florão – ornato em forma de flor ou de ramo de árvore, que se fazia de madeira, pedra ou argamassa, integrado às talhas ou aos elementos arquitetônicos do templo.

foro eclesiástico – juízo eclesiástico com competência para as causas espirituais ou específicas da administração da Igreja.

foro secular – juízo civil (ou da alçada régia) das causas temporais, compreendendo os poderes dos juízes locais e do governo central.

glosa – anulação ou recusa, total ou parcial, de um orçamento, conta ou declaração de renda.

ladainha – prece, ordenada, de rogação de Deus, da Virgem e dos santos em ofício religioso.

levítico – referente a levita, o qual, na tradição israelita, era o ministro ou o sacerdote do culto.

minorista [menorista] – clérigo (ou um jovem pretendente às ordens maiores) que se ordenava nas ordens menores, relacionadas a quatro categorias ou funções: ostiário (espécie de porteiro), leitor (dos textos litúrgicos), exorcista e acólito (assistente da eucaristia).

mitra – espécie de chapéu, alto, pontiagudo e dividido em duas partes; signo da prelazia, usado pelo bispo ou pelo arcebispo nos ofícios litúrgicos.

moçárabe – referia-se ao cristão que, adaptando-se, manteve a sua religião na Península Ibérica dominada pelos muçulmanos.

navícula – vaso eclesiástico em forma de barca, usado para acondicionar o incenso.

novelas – conjunto de textos legais que, publicados no século VI d.C. – novas constituições –, integraram o código de direito romano (com quatro títulos); atribuído ao imperador Justiniano, o *Corpus Iuris Civilis*.

oblação – oferta, oferenda à divindade ou aos santos.

paróquia colada – organização eclesiástica da demarcação territorial submetida a uma matriz e dirigida por um pároco, que, constituído pelo rei, recebia côngrua ou pagamento da Coroa portuguesa.

porteiro da massa – servente encarregado de zelar pelo cabido. Esse agente avisava os cônegos sobre as reuniões da mesa capitular e, no decurso dessas reuniões, impedia a publicidade prejudicial às decisões e a ingerência, exceto quando houvesse ordem ou informação oriunda do bispo, do governo régio ou do senado da câmara da cidade. Ele desempenhava também certo papel nos ofícios, como acompanhar os cônegos nas procissões ou nos enterros.

pragmática – normatização legal, conforme disposição do governo régio, relacionada à regulação de práticas públicas ou à repressão dos supostos abusos (de representação luxuosa), visando conservar a República e a classificação entre os cidadãos.

prebenda – remuneração anual do cônego ou, num sentido mais geral, o rendimento material do benefício eclesiástico.

prelazia – cargo ou jurisdição de prelado que exercia sua autoridade sobre uma diocese ou sobre um mosteiro. A prelazia, mesmo que o bispo não fosse o seu titular, podia significar uma jurisdição territorial análoga à diocesana.

prior – na Ordem Terceira Carmelita era o superior ou a primeira autoridade da mesa administrativa, cuidando dos assuntos temporais.

provisor – agente eclesiástico da administração diocesana responsável pelo provimento dos cargos ou das funções e pela concessão de licenças. Tinha atuação nas causas "espirituais", com "jurisdição voluntária". Esse múnus podia acoplar-se ao de vigário geral.

rocaille [rocalha] – designação do estilo rococó francês (na pintura, na escultura, na arquitetura, na ourivesaria e no mobiliário), próprio do século XVIII, para indicar soluções embutidas de ornatos em forma de rochas e conchas.

roquete – sobrepeliz de tecido fino que tinha mangas justas e acabamento com rendas; o cumprimento não devia alcançar os joelhos. Era vestimenta própria dos bispos, por isso, na tradição eclesial, passou a significar a jurisdição do prelado.

samarra – túnica com mangas ou espécie de batina de tecido grosso ou de lã que os eclesiásticos usavam quando não oficiavam.

sisa – taxação da Coroa portuguesa sobre compras e vendas de bens de raiz e bens móveis.

sobrepeliz – vestimenta de tecido leve e branco que cobre a batina sacerdotal até a altura dos joelhos, devendo ser usada nos ofícios religiosos.

sufrágio – qualquer obra piedosa (missa, oração, esmola) para a elevação da alma e remissão dos pecados do cristão falecido.

temporalidades – punições impostas às autoridades eclesiásticas que deixassem de cumprir os mandatos ou as sentenças dos poderes civis (ou dos juízes da Coroa).

tricórnio – chapéu de três pontas, comum no século XVIII, usado pelos clérigos.

vigararia – jurisdição ou exercício das atribuições do vigário.

vigário da vara – denominado também vigário forâneo, era o agente, provido pelo bispo, que vigiava o desempenho pastoral dos párocos e conferia a devida administração dos bens eclesiásticos num território composto por certo número de paróquias.

vigário geral – agente eclesiástico nomeado pelo bispo para auxiliá-lo no governo da diocese, devendo, ordinariamente, desempenhar um poder executivo e atuar no foro contencioso (causas "temporais").

vintena [juiz de vintena] – auxiliar dos poderes camarários (justiça e administração) nos arraiais e nas demarcações paroquiais cuja distância em relação à sede do termo municipal fosse de seis léguas ou mais. Decidia sobre causas cíveis menores, sem que houvesse direito a apelar ou agravar.

Este livro foi composto com tipografia Minion e impresso em papel Pólen Soft 80 g/m² na Formato Artes Gráficas.